고기를 먹으면
왜 지구가 아플까?

식탁에서 마주하는 동물을 대하는 마음가짐

고기를 먹으면 왜 지구가 아플까?

최현진 글 | 달상 그림

• **작가의 말**

　엄청 충격적인 영상 하나를 봤어요. 대형 마트에서 소비 기한이 지난 음식 재료들이 폐기되는 영상이었지요. 아직 비닐도 제거하지 않은 음식 재료와 눈으로 보기에는 멀쩡한 선홍빛 고기들이 쓰레기통에 마구 버려지더라고요. 비워진 자리에는 새로운 식재료들을 진열해 구매 욕구를 높이겠지요. 지구 반대편에서는 배고픔을 호소하며 굶어 죽어 가는 사람들이 많은데 말이죠.

　참 답답하고 부끄러웠어요. 음식을 필요한 만큼만 소비한다면 보다 적은 희생으로도 모두 행복할 수 있지 않을까 하는 생각이 들었어요. 쓰레기통에 함부로 버려지는 음식이 없도록, 불필요한 낭비가 없는 그런 식습관을 가진다면 지구가 아파하지 않을 거예요. 조금씩 생각을 바꾸고 행동을 다르게 한다면 버려지는 음식 재료들은 없을 거예요.

사람들은 고기를 좋아해요. 그리고 우리 몸에는 고기가 필요하기도 하지요. 하지만 불필요하게 소비되는 일은 없어야 해요. 버려지는 고기가 없도록 하고, 필요한 만큼만 소비하도록 노력해야 해요.

　우리가 살아가는 지구를 위해, 고기를 조금 덜 먹는 것을 어떻게 생각하나요? 무엇이든 과하면 탈이 생기죠. 우리가 고기에 열광할 때 고통받는 누군가가 있어요. 그 누군가는 바로 지구이고, 동물이고, 또 다른 우리예요.

　공장식 축산업은 고기를 좋아하는 사람들을 만족시키기 위한 도구예요. 거기에는 고통스러운 희생이 뒤따라요. 동물들을 대량으로 키우기 위해, 그들에게 끔찍한 고통을 줬어요. 또 사료를 만들기 위해 숲을 불태우고, 메탄가스와 엄청난 분뇨로 지구를 오염시켰어요. 우리가 고기를 덜 먹는다면 동물들의 행복도 보장될 거예요. 자연도 아파하지 않을 것이고, 우리도 비만이나 질병 없이 건강하게 살아갈 수 있을 거예요.

　지구에 사는 모든 사람이 동시에 두 발을 쿵 구르면, 지구도 움직일 수 있대요. 초록 별 지구와 우리를 위해서 함께 노력해 봐요. 불편하다고 외면하지만 말고 작은 한 걸음을 모두가 함께한다면 반드시 변화할 수 있을 거예요.

최현진

• 차례

작가의 말 ···4

1장
SOS 동물권을 지켜 줘

알쏭달쏭 공장식 축산 ···10
행복 농장 아저씨의 처방 | 시름시름 아픈 닭들

더 알고 싶어요 ···24
동물권은 무엇일까? | 동물 보호법은 무엇일까?
공장식 축산은 왜 문제일까?

육식을 줄이고 환경을 살리는 대안 ···28
사육 두수를 줄이도록 농장을 지원하자

우리가 할 수 있는 일 ···29

2장
메탄가스가 왜 문제야?

어린이 환경 기자가 될 거야 ···32
농업 환경세가 뭘까? | 동물들은 죄가 없다

더 알고 싶어요 ···44
메탄가스는 누구의 잘못일까? | 탄소 발자국을 만드는 육식

육식을 줄이고 환경을 살리는 대안 ···48
생명 공학을 활용하여 청정 고기를 만들자

우리가 할 수 있는 일 ···49

3장

와르르 쾅쾅 파괴되는 자연

아마존 열대 우림이 불타면 어떻게 될까? …52
아마존 열대 우림이 좋은 이유 | 아마존 숲을 불태우면 안 돼

더 알고 싶어요 …64
불태워져 사라지는 열대 우림 | 우리가 지켜야 할 숲

육식을 줄이고 환경을 살리는 대안 …68
미래를 생각하는 재생 농업

우리가 할 수 있는 일 …69

4장

토양 오염의 정체를 밝혀라

앗! 터져 버린 분뇨 폭탄 …72
병원에 간 루나 | 낯선 사람의 등장

더 알고 싶어요 …86
분뇨 때문에 몸살을 앓는 지구 | 분뇨로 엉망이 된 제주도
왜 물 부족 문제가 생길까?

육식을 줄이고 환경을 살리는 대안 …90
올바른 분뇨 시설을 설치하자

우리가 할 수 있는 일 …91

5장

비만과 질병이 무슨 상관이야?

칙칙폭폭 기름 덩어리의 종착역 피지 …94
정육점 가는 길 | 아빠가 아픈 이유

더 알고 싶어요 …106
소아 비만은 무엇일까? | 소아 비만의 원인은?
성조숙증은 무엇일까?

육식을 줄이고 환경을 살리는 대안 …110
식물성 단백질을 먹는 식습관을 갖자

우리가 할 수 있는 일 …111

1장
SOS 동물권을 지켜 줘

알쏭달쏭 공장식 축산

행복 농장 아저씨의 처방

지우 삼촌이 운영하는 양계장으로 가는 길에는 작은 나무들이 바람에 흔들리고 있었어요. 시원한 바람이 부는 평화로운 분위기였어요. 그런데 아까부터 삼촌이 긴 한숨을 내쉬었어요.

"예전처럼 닭을 키워서는, 비싸서 잘 안 팔려."

닭값을 내리려면 더 많은 닭을 키우는 수밖에 없었어요. 하지만 삼촌의 양계장은 넓지 않아서 많은 닭을 키우기는 어려웠어요. 고민 끝에 삼촌은 공장식 축산을 시작하기로 마음먹었어요.

공장식 축산을 하는 양계장에서는 A4 용지보다 좁은 공간에서 암탉을 한 마리씩 키워요. 공간을 적게 차지하니 더 많은 닭을 키울 수 있고, 그만큼 비용도 절약돼요. 게다가 닭들이 제대로 움직이지 못해 살이 찌면 자연스럽게 고기 양도 늘어난다는 말에 귀가 솔깃해졌어요.

삼촌의 양계장도 공장식 축산을 시작했어요. 좁디좁은 닭장이 차곡차곡 포개졌어요. 흡사 아파트처럼요.

닭들은 좁은 닭장에서 옴짝달싹 못 한 채, 자기 앞에 있는 모이만 겨우 먹을 수 있었어요. 닭장 앞에는 기다란 통이 있는데, 알을 낳으면 달걀이 쪼르르 굴러 내려갔어요. 그렇게 모은 달걀을 따로 팔았어요.

"우아, 달걀 진짜 많다!"

방학을 맞아 삼촌 집에 놀러 온 지우는 잔뜩 쌓인 달걀을 보고 놀랐어요. 지우는 삼촌네 농장을 아주 좋아해요. 고기로만 먹던 닭을 실제로 보는 것도 신기하고, 노랗고 보들보들한 병아리도 너무 귀여웠지요.

"삼촌, 이걸 다 농장에 있는 닭들이 낳은 거예요?"

"맞아! 요즘 삼촌이 닭이랑 달걀 팔아서 돈을 좀 벌고 있단다. 지우 선물도 많이 사 줄게."

삼촌은 값싸게 닭을 팔았지만 키우는 비용이 적게 들어서 예전보다 돈을 벌 수 있었어요. 삼촌은 공장식 축산을 시작하길 잘했다고 말했어요.

그때 닭들이 있는 곳에서 소란스러운 소리가 들렸어요.

"삼촌, 닭들이 자꾸 싸워요. 저러다가 다칠 것 같아요."

닭을 보러 간 지우가 소리쳤어요. 삼촌도 헐레벌떡 뛰어왔어요. 닭

들이 피를 흘리면서 싸우고 있었어요. 닭 볏이 찢어질 듯 아슬아슬했어요.

"또 이러네. 닭들이 왜 자꾸 싸우는 걸까?"

닭들이 서로 싸우다 죽는 바람에, 삼촌은 속이 상했어요. 닭이 죽으면 팔지도 못하거든요.

"삼촌, 좀 말려 봐요. 이러다 닭들이 죽겠어요."

"글쎄다. 나도 어떻게 해야 할지 모르겠어."

삼촌은 한숨을 푹 쉬며, 닭들을 서로 떼어 놓으려고 팔을 허우적거렸지만 아무 소용이 없었어요.

"앗, 삼촌, 행복 농장 아저씨에게 물어봐요."

지우는 순간 행복 농장 아저씨가 생각났어요. 처음 만났을 때는 얼굴에 수염도 아주 많고 목소리도 커서 조금 무서웠어요. 근데 닭을 엄청 많이 키운다고 자랑하신 게 생각났어요.

"좋은 생각이야! 지우야, 같이 가자."

삼촌과 지우는 예전부터 공장식 축산을 하는 옆 동네의 행복 농장으로 갔어요. 행복 농장은 지우 삼촌네 농장보다 훨씬 크고 더 많은 닭이 있었어요.

행복 농장에 도착한 삼촌이 아저씨에게 닭들이 싸우는 이유를 물었어요.

"스트레스 받아서 그렇지. 부리로 쪼아서 죽었구먼."

행복 농장 아저씨가 시큰둥하게 말했어요.

"정말 속상한데 무슨 방법이 없을까요? 여기 행복 농장에서는 어떻게 해요?"

삼촌은 질문을 하면서 행복 농장 양계장을 둘러봤어요.

"헉, 삼촌! 여기 닭들은 부리가 없어요."

깜짝 놀란 지우의 목소리가 커졌어요.

"벌써 눈치챘어? 우리는 부리를 제거했어. 부리가 없으니 싸울 수도 없지. 쟤들은 부리를 잘라도 고통을 못 느끼거든."

행복 농장 아저씨는 눈을 가늘게 뜨고, 입을 벌리며 실실 웃었어요. 그 모습을 본 지우는 소름이 끼쳤어요.

"삼촌은 제발 부리를 자르지 마세요. 닭들이 불쌍해요. 아무리 말 못 하는 동물이라고 해도 너무 잔인해요."

지우가 울먹거렸어요.

"알아서들 해! 부리를 자르든가, 아니면 그대로 싸우다 죽게 내버려 두든가."

행복 농장 아저씨가 짜증을 냈어요.

양계장으로 돌아온 삼촌은 혼자 농장으로 갔어요.

삼촌도 부리를 자르고 싶지는 않지만, 별다른 방법이 없었어요. 마음이 불편했지만, 행복 농장 아저씨 말처럼 닭들이 고통을 못 느낄 거라 생각했어요.

하지만 다음 날, 몇 마리의 닭들이 죽어 있었어요.

"삼촌, 왜 부리를 잘랐어요? 닭들이 죽었잖아요. 미워요!"

지우가 삼촌 얼굴을 흘겨보며 울었어요. 닭들이 고통스럽게 죽었다는 생각을 하니 마음이 아파 견디기 힘들었어요.

삼촌은 그때야 닭들이 고통을 느꼈다는 것을 깨달았어요. 살아 있는 동물이 고통을 못 느낄 리 없는데, 행복 농장 아저씨의 말을 믿은 게 잘못이었어요. 삼촌은 지우를 똑바로 바라볼 수가 없었어요.

"그래도 더 이상 싸우지는 않잖아."

삼촌은 닭들이 더 이상 싸우지 않는 것을 위안으로 삼았어요.

바쁜 며칠이 흘러갔어요.

"삼촌, 닭들이 가려운가 봐요. 몸을 비비적거려요."

스케치북에 색연필로 닭의 모습을 그리던 지우는 걱정이 되었어요.

삼촌이 닭들을 살펴봤어요. 닭의 몸에 벼룩이나 진드기들이 많아졌어요. 닭들은 가려워서 고통스러워했지만 다른 방법이 없었어요.

"모래밭에서 비비고 놀면 벼룩이나 진드기가 몸에 들러붙지 않을 텐데…."

삼촌이 혼잣말을 했어요.

"그러면 모래밭에 풀어서 키우면 되잖아요?"

지우가 삼촌을 쳐다보며 말했어요.

"이 많은 닭을 풀어서 키울 만한 공간이 없어."

 삼촌은 고개를 푹 숙였어요. 지우가 삼촌 옆으로 다가왔어요.
 "삼촌, 이번에도 행복 농장 아저씨에게 물어보는 건 어때요? 저번처럼 끔찍한 방법은 아니었으면 좋겠지만…."
 지우를 가만히 쳐다보던 삼촌은 벌떡 일어났어요.
 "다녀올게."
 삼촌은 행복 농장을 향해 뛰어갔어요. 지우도 뒤따라갔어요.
 "요즘 벼룩이나 진드기 때문에 골치예요."
 지우 삼촌은 뒷머리를 벅벅 긁었어요. 행복 농장 아저씨가 구석으

로 성큼성큼 걸어갔어요.

"이거 뿌려. 한 방에 고민 해결이야."

행복 농장 아저씨가 살충제를 내밀었어요. 살충제의 뚜껑에 약간 녹이 슬어 있었어요.

"살충제를 뿌리려면 닭들을 꺼내야 하는데 공간이 없어서…."

삼촌은 고개를 푹 숙였어요.

"뭘 꺼내? 닭에게 직접 뿌려야 효과가 좋아. 망설이는 시간만큼 더 힘들어질 뿐이야."

고민하는 모습이 한심하다는 듯, 행복 농장 아저씨는 삼촌을 위아래로 훑어봤어요.

"닭에게 직접 뿌리면 달걀에도 묻을 텐데… 위험하지 않을까요?"

삼촌은 고개를 갸웃거렸어요.

"안 죽어! 걱정하지 말고 나만 믿고 뿌려. 벼룩이랑 진드기한테 뜯기는 것보다는 낫지."

행복 농장 아저씨는 별걱정을 다 한다며 버럭 화를 냈어요.

"그건 안 돼요! 닭이 위험하잖아요!"

지우는 행복 농장 아저씨에게 소리쳤어요.

"흥! 싫으면 말든가. 나하고는 아무 상관 없으니까."

지우 말을 들은 행복 농장 아저씨가 콧방귀를 뀌었어요.

"삼촌, 그러다 닭이 전부 죽을지도 몰라요."

지우는 닭이 걱정되었어요. 그래서 삼촌에게 절대 살충제를 뿌려서는 안 된다고 말했어요. 살충제를 뿌리면 닭이 죽을 것만 같았거든요.

삼촌은 이번에도 내키지 않았지만, 어쩔 수 없이 살충제를 닭들에게 직접 뿌렸어요. 고약한 냄새로 닭들이 죽기라도 할까 봐 걱정되었지만 그렇지는 않았어요. 하지만 예전처럼 달걀을 그냥 먹기에는 불안했어요. 그러나 살충제를 뿌린 뒤부터 눈에 보이는 벼룩이나 진드기는 사라졌어요.

시름시름 아픈 닭들

며칠 후, 또 다른 문제가 생겼어요.

"삼촌, 닭들이 아픈가 봐요. 자꾸 비실거려요."

닭을 관찰하던 지우가 삼촌에게 말했어요.

삼촌은 입이 떡 벌어졌어요.

좁은 공간에서 많은 닭을 키우다 보니, 공기가 나쁜 것은 당연했어요. 비위생적인 데다가 햇빛을 충분히 받지 못한 채 갇혀 있어서 면역력이 나빠진 닭들이 시름시름 앓기 시작한 거예요.

삼촌의 걱정도 늘어 갔어요. 돈을 더 벌기 위해 공장식 축산을 시작했는데, 닭들이 아프기 시작하니 우울하기만 했어요.

삼촌은 힘이 쭉 빠졌어요. 행복 농장에 알아보러 갈 힘마저 없었어요.

"자네, 왜 그렇게 코를 빠뜨리고 있어? 어떻게 지내나 싶어서 와 봤더니."

행복 농장 아저씨가 거들먹거리며 삼촌에게 다가왔어요.

"아, 안녕하세요? 그게 닭들이 자꾸 아파서…. 어휴!"

삼촌은 크게 한숨을 내쉬었어요.

"난 또 뭐라고. 뭘 그런 걸로 걱정해? 닭 한두 해 키웠어?"

행복 농장 아저씨가 크게 웃었어요.

"무슨 좋은 방법이라도 있으세요?"

삼촌의 눈에는 행복 농장 아저씨 뒤로 후광이 빛나고 있는 것만 같았어요. 자신을 구해 주러 나타난 구세주 같았지요.

하지만 지우는 행복 농장 아저씨의 말이라면 듣기도 싫었어요. 닭을 괴롭히는 방법일 거라 생각했거든요.

"나만 믿고 항생제를 먹여 봐. 항생제를 먹이면 안 아파. 게다가 닭들이 몸에 수분을 축적하려고 해서 고기의 양이 늘어나지."

행복 농장 아저씨가 턱수염을 쓰다듬으며 말했어요.

"항생제요? 하지만 그것도 막 먹이면 위험하지 않을까요?"

지우와 삼촌은 고개를 갸웃거렸어요. 그런 모습에 행복 농장 아저씨가 쯧쯧 혀를 찼어요.

"자네도 참 답답해. 아프면 항생제를 먹어야 낫지. 사람도 아프면 먹잖아. 똑같아."

행복 농장 아저씨에게 한바탕 설교를 들은 삼촌은 항생제를 사러 나갔어요. 다른 사람들도 항생제를 많이 먹이고 있다는 것을 알았어요. 불필요한 항생제를 많이 먹이면 닭들이 위험해지지 않을까 하는 걱정이 들었지만, 일단 아픈 닭들부터 살려야 할 것 같았어요.

항생제를 먹인 닭들은 일시적으로 괜찮아진 것처럼 보였어요. 그때부터 삼촌은 닭들이 아플 것 같으면 미리 항생제를 먹였어요. 처음 먹일 때는 많이 불안했지만, 시간이 지날수록 위험하다는 생각은 들지 않았어요. 닭들이 조금만 이상해 보여도 자연스럽게 항생제를 찾고 있었지요. 게다가 유통 기한을 확인하지도 않고 습관처럼 사료에 넣어서 먹였어요.

"삼촌, 지금은 닭들이 아프지도 않은데 왜 항생제를 먹여요?"

지우는 삼촌의 행동이 옳지 않다고 생각했어요.

"미리 먹어 두면 안 아플 거야. 영양제라고 생각하면 돼."

삼촌의 말을 들은 지우는 뭐라고 말해야 할지 몰랐어요. 하지만 삼촌이 자꾸 닭에게 항생제를 먹이는 것이 마냥 불안했어요.

그러던 어느 날, 항생제를 아무리 먹여도 닭들이 낫지 않았어요. 시름시름 앓다가 비실비실 쓰러졌어요.

"삼촌, 닭들이 자꾸 쓰러져요. 많이 아픈가 봐요. 어떡해요?"

닭들이 픽픽 쓰러지는 모습을 보자, 지우는 마음이 아팠어요.

"어제도 항생제를 팍팍 넣었는데 왜 이러지?"

당황한 삼촌은 행복 농장 아저씨에게 달려갔어요. 숨이 턱까지 차오를 무렵, 지우와 삼촌은 행복 농장에 도착했어요.

그런데 행복 농장 아저씨 양계장에 낯선 사람들이 잔뜩 있었어요. 마스크를 쓰고 머리까지 꼭꼭 싸맨 사람들이었는데, 수상한 분위기를 잔뜩 풍겼지요. 지우는 알 수 없는 공포심에 머리끝이 쭈뼛쭈뼛 섰어요.

그들은 큰 구덩이를 파고, 아직 살아 있는 닭들을 강제로 묻었어요. 닭들은 날개를 푸드덕거리며 구덩이를 빠져나가려고 발버둥 쳤어요.

행복 농장 아저씨는 축 처진 모습으로 바닥에 털썩 주저앉아 있었어요. 평소 자신감 넘치던 행복 농장 아저씨의 모습은 온데간데없었어요.

"도대체 무슨 일이에요?"

겁에 질린 삼촌의 턱이 덜덜 떨렸어요.

"조류 독감이야. 공장식 축산으로 인해 전염병이 빨리 퍼졌대. 괜찮아 보이는 애들도 감염 우려가 있어서 다 살처분해야 한대. 공장식 축산을 하는 게 아니었어, 흑흑!"

행복 농장 아저씨의 깊은 한탄 소리가 닭의 날카로운 비명 소리에 묻혔어요.

삼촌은 눈앞이 캄캄해져서 비틀거렸어요. 지우는 옆에 서서 삼촌의 덜덜 떨리는 손을 꼭 잡아 주었어요.

동물권은 무엇일까?

• 인간과 마찬가지로 소중한 생명인 동물들

인권이 무엇인지 알지? 사람에게 인권이 있듯, 동물에게는 동물권이 있어. 바로 동물이 갖는 권리이지. 동물은 기쁨과 슬픔, 그리고 고통을 모두 느끼는 존재야. 모든 살아 있는 생명은 그 자체로 존중받아야 해. 10월 15일은 '세계 동물권 선언의 날'이야. 프랑스 파리 유네스코 본부에서 1978년 10월 15일 '세계 동물권 선언'을 공표했어. 세계 동물권 선언의 제1조를 살펴보면, "모든 생명은 태어나면서부터 평등한 생명권과 존재의 권리를 지닌다."라고 되어 있어.

그러므로 동물은 고통을 피할 수 있는 권리가 있고, 오락을 위한 수단으로 쓰여서는 안 돼. 동물도 인간처럼, 이 지구상에 존재하는 하나의 생명으로 인정되고 받아들여져야만 해.

동물 보호법은 무엇일까?

우리나라에서는 1991년에 처음으로 동물 보호법이 만들어졌어. 적어도 이것만큼은 서로 지켜 주자는 취지로 만들어진 거지. 법으로 금지한 행동을 하지 않는다면, 최소한 불필요하게 동물을 괴롭히는 일은 없을 거야.

하지만 우리나라 동물 보호법은 유럽 등에 비해 아직 보완해야 할 점이 많아. 그래서 무서운 동물 학대가 계속 일어나는 것은 아닐까?

독일, 스위스 등 유럽 여러 나라는 한 나라의 최고 법규인 헌법에 동물권을 인정하는 내용을 포함시켰어. 동물을 인간과 함께 살아가는 존재로 보는 것이지. 더불어 사는 존재라는 인식을 갖게 된다면, 더 이상의 끔찍한 동물 학대는 피할 수 있을 거야.

무시무시한 동물 학대 사건들은 동물 생명을 함부로 대하는 태도에서 비롯돼. 동물 생명을 중시한다면 인간의 생명도 동시에 존중받을 수 있을 거야. 동물을 위한다는 것은 생명을 중요하게 생각한다는 뜻이고, 결국 이는 우리를 위하는 것과 같으니까 말이야.

공장식 축산은 왜 문제일까?

• 좁은 공간에서 사육되는 공장식 축산

생산 효율성 때문에 동물을 좁은 우리에 가둬 키우는 공장식 축산은 문제가 많아. 우선 동물들이 제대로 움직이지 못하고 갇혀만 있기 때문에 면역력이 약해지지. 또 좁은 곳에 많은 동물들이 살다 보니, 전염병에도 취약해. 면역력이 떨어진 동물은 바이러스에 약하거든. 결국 많은 양의 항생제를 쓰게 되는 거지. 게다가 항생제로 예방할 수 없는 바이러스도 자꾸 생기고 말이야.

동물에게 사용한 항생제는 우리가 먹는 고기나 축산물에 남아 있게 되고, 결국 사람이 먹게 돼. 잔류 항생제는, 약을 자주 먹어서 약의 효과가 낮아지는 내성을 만드는 원인이야. 하지만 더 많은 고기가 필요해진 사람들은 적은 돈으로 더 많은 동물을 키우기 위해 공장식 축산을 하게 되었어.

공장식 축산에서 닭은 고기를 얻기 위해 길러지는 비육용 닭과 달걀을 얻기 위해 길러지는 산란계 닭으로 나뉘어. 비육용 닭은 성장 촉진제와 항생제를 맞고 급성장을 한 뒤, 도계장으로 보내져. 산란계 닭은 태어나자마자 생사가 결정되는데, 수평아리들은 알을 낳지 못하기 때문에 바로 생을 마감해야 해. 안타깝게도 다른 동물의 사료가 되는 거야.

TIP

달걀에는 10자리의 문자가 있어. 처음 4개의 숫자는 알을 낳은 날, 다음 5개의 문자는 생산 농장 고유 번호, 마지막 숫자는 사육 환경 번호를 뜻해.

1. 자연에서 방목하여 키운 닭
2. 케이지가 아닌 평평한 닭장 환경
3. 기존 케이지보다 조금 넓어진 케이지
4. 아주 좁은 케이지

우리의 행동이
동물의 존엄성을
침해한다면,
우리의 인간성도
상실한다.

– 윌리엄 랄프

| 육식을 줄이고 환경을 살리는 대안 |

사육 두수를 줄이도록 농장을 지원하자

공장식 축산업을 하지 않으려면 무엇보다 키우는 동물 수를 줄여야 해. 숫자를 많이 늘리지만 않는다면 우리는 동물과 사이좋게 살아갈 수 있어.

그리고 소를 풀어서 키우면 어떨까? 더 넓은 공간에서 신선한 공기를 마음껏 마시며 풀을 뜯는다면, 지구도 훨씬 좋아할 거야. 실제로 소를 풀어서 키우는 경우, 메탄가스, 아산화 질소, 이산화 탄소의 온실가스 배출량이 낮아진다는 연구 결과도 있어.

하지만 자연 방사 방식으로 닭을 키우고 싶어도 해결해야 할 문제는 많아. 자연 방사로 9천 마리를 키운다고 할 때, 케이지에서 키우는 공장식 축산으로는 최소 20만 마리를 키울 수 있거든. 아무리 비싼 가격으로 판다고 해도 공장식 축산보다는 수입이 떨어지겠지?

안정적으로 적절한 가격에 판매할 수 있는 제도를 만들어야 해. 학교 급식에서 친환경 쌀과 고기를 구입하듯, 동물 복지 인증 달걀을 구입하는 것도 좋은 방법이 될 거야.

엄격한 환경 법률도 필요해. 이산화 탄소를 많이 내보내는 농장에는 많은 세금을 걷는 거야. 그리고 고기에 동물 복지 세금을 매겨서 그 돈으로 친환경 농장을 지원하는 거지.

규칙을 잘 지키는 농가에는 보조금을 지급하고, 규칙을 지키지 않는 농가에는 보조금을 지급하지 않아야 해.

2장
메탄가스가 왜 문제야?

어린이 환경 기자가 될 거야

농업 환경세가 뭘까?

로즈가 사는 뉴질랜드는 사람 수보다 7배나 많은 소와 양을 키워요. 드넓은 들판이 많아 목축업을 하기 아주 좋거든요.

로즈의 아빠 스코더도 소를 키우는 농장주예요. 많은 소를 키우느라 하루 종일 바쁘지요. 로즈는 바쁜 아빠가 잘 놀아 주지 않아서 살짝 서운할 때도 있어요. 하지만 소 돌보는 일을 척척 해내는 아빠가 멋있게 느껴지기도 해요.

"나 참, 이런 해괴한 일이 다 있다니…."

리처드 아저씨가 로즈네 집으로 찾아왔어요. 아저씨의 얼굴은 붉으락푸르락했고, 한껏 커진 콧구멍에서는 씩씩거리는 소리가 났어요. 꼭 화난 소가 시뻘건 불을 뿜는 것 같았어요.

로즈는 아저씨가 왜 그러는지 궁금했어요. 옆 동네에서 양을 키우는 리처드 아저씨는 늘 싱글벙글 웃는 모습이었거든요.

"리처드, 무슨 일이야? 그렇게 화만 내지 말고 말을 해 봐."

소를 돌보던 아빠가 일손을 멈추고, 리처드 아저씨에게 말했어요.

"내가 오늘 무슨 소리를 들은 줄 알아?"

아저씨의 얼굴이 점점 더 토마토처럼 붉어졌어요. 아저씨는 너무 화가 나서 말을 제대로 이어 가지 못했어요. 로즈와 아빠는 리처드 아저씨를 물끄러미 쳐다봤어요.

"농업 환경세를 내야 한다네. 이 무슨…."

아저씨의 콧구멍에서 또다시 뜨거운 김이 씩씩 뿜어져 나왔어요.

"뭐? 농업 환경세?"

이제는 아빠의 얼굴이 서서히 붉어졌어요.

'아저씨와 아빠가 왜 저러실까?'

로즈는 리처드 아저씨가 말한 농업 환경세가 무엇인지 궁금했어요.

"아빠, 농업 환경세가 뭐예요?"

"그게 말이다…."

아빠는 로즈의 질문에 뭐라고 대답해야 할지 망설였어요.

"뭐긴 뭐야? 방귀세지!"

참다못한 리처드 아저씨가 버럭 소리를 질렀어요.

"방귀세라고요? 방귀요?"

로즈는 고개를 갸웃거렸어요.

"맞아, 뿡뿡 방귀 말이야."

아저씨가 웃었어요. 손짓과 몸짓으로 방귀 뀌는 흉내까지 냈어요. 로즈는 아저씨의 행동을 보고 덩달아 웃었어요.

"방귀 뀌면 세금을 낸다고요? 왜요?"

"글쎄, 소와 양이 방귀를 뀌면 세금을 내야 한대. 참 황당하지?"

아저씨의 말을 들은 로즈는 이해가 되지 않았어요. 소와 양이 방귀를 뀐다고 세금을 내야 한다는 것은 억지처럼 느껴졌어요.

"이상해요. 왜 세금을 내야 해요?"

로즈의 눈이 동그래졌어요. 로즈는 농업 환경세가 무엇인지 궁금해졌어요.

"나도 참 황당해서 말이 안 나오는구나."

리처드 아저씨는 고릴라처럼 자기 가슴을 쿵쿵 두드렸어요.

"소와 양의 방귀에서 메탄가스가 나온대. 그래서 농업 환경세를 내야 한대. 이럴 거면 사람도 방귀세를 내라고 하지!"

아저씨는 로즈에게 설명을 하다가 또 화를 냈어요.

"이건 망하라는 말이나 다름없지. 뉴질랜드에서 가장 중요한 소와 양을 키우는데, 농업 환경세를 내라는 게 말이 되냐고!"

리처드 아저씨의 말을 들은 아빠도 화가 잔뜩 났어요.

"결국 우리도 농업 환경세 때문에 가격을 올릴 수밖에 없어."

"그렇지. 앞으로는 고기를 먹으려면 비싼 가격을 지불해야 할 거야. 서로 피해를 볼 수밖에 없다고."

아빠의 말을 들은 로즈는 깜짝 놀랐어요.

로즈는 농업 환경세에 대해 더 알아봐야겠다는 생각이 들었어요. 자신이 어린이 기자가 되어서 다른 사람들의 생각을 직접 들어 보고 싶었어요.

"마치 소와 양이 메탄가스의 주범인 것처럼 몰아가다니! 이건 말이 안 된다고."

"그러게나 말이야. 동물이 뀌는 방귀에 세금이라니, 이런 말도 안 되는 세금을 그냥 받아들일 수는 없어."

아저씨와 아빠는 서로 대화를 주고받았어요. 두 분 표정을 보니 걱정이 되었어요. 로즈는 앞으로 큰일이 벌어질 것만 같았어요. 로즈는 아빠와 아저씨가 하는 말을 작은 수첩에 적었어요.

"답은 하나야. 시위를 하자. 우리의 뜻을 알려야만 해."

"그래, 이대로 둘 수는 없어. 다른 농장에도 알리자."

아빠와 아저씨는 농민 시위의 필요성에 대해 이야기했어요.

"이런 생각을 하는 사람이 우리만은 아닐 거야. 이러고 있을 시간이 없어. 다른 농장에 가 보자!"

로즈는 다른 사람들의 생각도 궁금했어요. 그래서 아빠와 아저씨를 따라갔어요.

"아빠, 톰 아저씨한테도 알려요. 다 같이 의논하는 게 좋을 것 같아요."

로즈가 말했어요.

"좋은 생각이야, 로즈!"

아빠가 고개를 끄덕였어요. 로즈는 수첩과 연필을 들고 따라나섰어요.

동물들은 죄가 없다

로즈네 소 목장을 벗어나자 드넓은 초원이 펼쳐졌어요. 로즈는 푸른 하늘을 올려다봤어요. 뭉게구름이 두둥실 흘러가고 있었어요. 구름의 모양이 양들처럼 보였어요.

조금 더 걸어가자, 톰 아저씨네 소 목장이 보였어요.

"자네도 그 소식 들었어? 농업 환경세를 내야 한대."

"소문은 나도 들었지. 근데 설마 그렇게 하겠어?"

톰 아저씨가 머리에 쓴 모자를 벗었어요. 대머리가 햇빛을 받아 번들거렸어요.

"오늘 확인해 봤는데, 확정됐대. 자네는 어떡할 거야?"

"뭘 어떡해? 이대로 당할 수는 없지."

로즈는 톰 아저씨의 말을 수첩에 적었어요. 농업 환경세에 대한 사람들의 생각을 조사해서 어린이 신문에 싣고 싶었어요. 다른 친구들도 알아야 하지 않을까요?

농민 시위가 필요하다는 생각을 하는 사람은, 아빠와 리처드 아저씨만이 아니었어요.

"맞아요. 이건 말도 안 되는 법이에요. 우리도 동참할게요."

소와 양을 키우지 않는 사람들도 이들의 의견에 귀 기울이며 동참하겠다고 약속했어요.

로즈는 찬성하는 사람들의 수와 생각을 수첩에 또박또박 적었어요. 찬성하는 숫자가 훨씬 많았어요.

하지만 모든 사람이 농민 시위에 동의하는 것은 아니었어요.

"난 농업 환경세를 내기로 결정했어."

난데없는 찰스 아저씨의 말을 듣고 다른 사람들은 당황했어요. 로즈는 수첩의 다른 장을 펼쳐서 찰스 아저씨의 말을 받아쓸 준비를 했어요.

"그게 무슨 말이야? 시위에 참여하지 않겠다는 거야?"

리처드 아저씨가 벌린 입을 다물지 못했어요.

"소와 양의 방귀가 메탄가스 배출에 영향을 주는 건 사실이잖아."

"정말 그렇게 생각하세요?"

찰스 아저씨의 말이 꼭 틀린 건 아니었어요. 그동안 여러 사람의 의견을 들으면서 조금씩 알아 가고 있었거든요.

"자네는 농업 환경세를 내는 게 아무렇지도 않아?"

로즈 아빠가 눈을 흘기며 물었어요.

"물론 나도 농업 환경세를 내는 것은 힘들어."

"그런데 왜 그런 결정을 한 거야?"

"하지만 지구를 위해서 받아들일 거야. 힘들다고 거부만 하면 안 될 것 같아. 조금이라도 행동을 해야지."

찰스 아저씨는 입술을 꽉 깨물었어요.

"그래도 왜 우리만 부담을 해야 하냐고! 지구 온난화에 악영향을 끼치는 대기업들도 많은데 말이야."

리처드 아저씨가 자신의 가슴을 손바닥으로 툭 쳤어요.

"그건 자네 말도 옳아. 하지만 서로 미루기만 해서는 안 되잖아. 우리가 먼저 시작하는 거야. 그러면 조금씩 변화가 시작되지 않을까? 이대로 두 손 놓고 있으면, 우리 모두가 위험해질지도 몰라."

"찰스 아저씨의 말도 옳은 것 같아요."

로즈는 고개를 끄덕였어요. 찰스 아저씨의 말도 맞는 것 같고 아빠 말도 맞는 것 같았어요. 결국 지구를 위하는 것은 우리 모두를 위하는 것이 분명하니까요.

집에 돌아온 로즈는 수첩을 펼치고, 오늘 조사한 내용을 정리했어요. 보기 쉽게 도표도 그렸어요.

로즈는 학교 수업 시간에 조사한 내용을 발표했어요. 학교 친구들

도 많은 관심을 보였어요. 시위에 참석하겠다는 친구도 있었어요.

로즈는 친구들의 의견도 모았어요. 그리고 어린이 신문에 농업 환경세에 대한 사람들의 생각을 실었어요. 많은 사람들이 로즈의 글에 관심을 가졌어요.

드디어 농민 시위를 하기로 약속한 날! 조용하던 마을이 소란스러워졌어요.

소와 양을 키우는 농민들이 종이에 글을 적어서 높이 치켜들었어요. 큰 피켓을 든 사람이 앞쪽에서 구호를 외치면, 작은 피켓을 든 사람들이 뒤따라가며 따라 외쳤어요.

차에 커다란 플래카드를 두르고 시위 행렬을 따라가는 사람도 있었어요. 플래카드가 바람에 흔들렸어요. 시위 행렬은 계속 이어졌어요. 양쪽 길에는 농민 시위를 응원하는 사람들이 서 있었어요. 로즈가 쓴 기사가 실린 어린이 신문을 들고 서 있는 친구도 보였어요.

농민들만 농업 환경세를 반대하는 것은 아니었어요. 다른 시민들도 뜻을 함께했어요.

"농업 환경세를 내는 것은 맞지 않아."

"농업 환경세는 농민들의 부담으로만 끝나지 않을 거야."

"그렇지. 소와 양을 키우는 일이 얼마나 중요한 일인데."

"지금처럼 싼 가격에 고기를 못 먹을 수도 있어."

"농업은 사람들을 먹여 살리는 일이야. 정말 중요하다고!"

농업 환경세를 내면 고기 가격이 오른다는 것을 사람들도 알고 있었어요. 가격이 오르면 지금처럼 싼 가격에 고기를 먹을 수 없을 거예요.

농업 환경세가 대안이 될 수 없다! 정말 지구를 위한 법을 만들자!

지구를 살리기 위해서는 농업 환경세보다 더 합리적인 법이 필요하다는 글을 적은 피켓도 보였어요. 지구를 위하는 것이 결국 자신을 위하는 것이라는 사실을 모두 알고 있었어요.

로즈는 시위하는 아빠 옆에 있었어요. 로즈의 생각에도 농업 환경세, 즉 방귀세는 아닌 것 같았어요.

로즈는 지구를 위해 조금씩 움직여야만 하는 필요성을 느끼고 시위에 참여했어요.

기자들이 농민 시위 현장을 촬영하려고 달려왔어요. 농민 시위는 텔레비전을 통해 실시간으로 방송되었어요.

수많은 사람이 모여 서로의 생각을 나눴어요.

"농민 시위 현장에 나와 있는 어린이를 대표해서 한마디 부탁드립니다."

방송국에서 나온 기자가 로즈에게 마이크를 내밀었어요.

"소와 양의 잘못이 아니에요. 우리 모두가 관심을 갖고 해결해야만 하는 문제예요."

로즈는 카메라를 쳐다보며 또박또박 말했어요.

농민 시위 현장에 있는 사람들이 고개를 끄덕였어요. 방송을 보는 다른 사람들도 로즈의 말을 들었어요.

지구를 위해, 그리고 우리 모두를 위해, 더 이상 미루기만 해서는 안 되고 조금씩이라도 행동해야만 한다는 생각이 사람들 사이로 퍼져 나갔어요.

 더 알고 싶어요

메탄가스는 누구의 잘못일까?

• 사람들의 과한 욕심으로 고통받는 동물들

지구 온난화의 주범은 이산화 탄소야. 그다음으로 큰 문제는 메탄가스라고 할 수 있어. 메탄가스는 대기 중에 약 9년이나 머무른대. 300년에서 천 년까지 머무르는 이산화 탄소보다는 훨씬 짧지만, 지구의 열기를 못 빠져나가게 막는 온실 효과를 만드는 건 이산화 탄소보다 20배 이상 강해. 게다가 메탄가스는 짧은 시간에 점점 더 빠른 속도로 늘어나고 있어.

메탄가스는 논에서 벼가 자랄 때, 흰개미가 나무를 갉아 먹을 때, 쓰레기를 묻을 때도 나와. 그리고 소가 트림하거나 방귀를 뀔 때도 나오지.

소 한 마리가 하루에 배출하는 메탄가스 양이 소형차 한 대가 하루에 배출하는 양과 비슷하다고 해. 그래서 소 방귀세를 걷는 나라도 있어.

소는 음식물을 배 속에 넣어 두었다가 되새김질을 하는 동물이야. 소는 음식을 저장하는 위가 네 개나 있어. 일단 풀을 먹고 나서, 나중에 소화시키는 방식이지. 되새김질은 처음 먹은 식물을 잘게 부수고 분해하여 몸에서 쉽게 흡수할 수 있도록 만드는 과정이라고 보면 돼. 그런데 위 속의 미생물에 의해 섬유질이 분해되는 과정에서 메탄가스가 만들어져.

국제 연합(UN) 보고서에 따르면, 전 세계 220억 마리의 가축이 전 세계 온실가스의 18%를 발생시킨다고 해. 이는 교통수단에서 발생하는 13.5%보다 높은 수치야.

소를 키워 고기와 낙농 제품을 얻기 위해서는, 사료도 만들어야 하고, 또 이들 제품을 운송할 교통수단도 필요해. 이렇게 목축에 필요한 땅을 일구어 소를 기르는 과정에서 발생하는 이산화 탄소가 지구 전체에서 내보내는 이산화 탄소 중 약 9%를 차지하지.

환경 파괴를 일으키는 온실가스를 배출한다고 해서 과연 소의 잘못이라고 할 수 있을까? 고기를 많이 먹으려고 지구가 감당할 수 없을 만큼 많은 소와 양을 키우는 사람들 탓은 아닐까?

탄소 발자국을 만드는 육식

• 지구를 파괴하는 지구 온난화를 막기 위해 줄여야 하는 육류 소비

육식을 줄이면 지구 온난화를 막는 데 큰 도움이 돼. 2019년, 국제 연합(UN)과 기후 변화에 관한 정부 간 협의체(IPCC)는 기후 변화를 막을 방법 중 하나로 육류 소비 줄이기를 제안하기도 했어.

삶이 풍요해지면서 더 많은 고기를 소비하고 있어. 앞으로도 사람이 지구에서 계속 살아가려면, 고기 소비를 줄여야만 해. 소중한 지구를 지키기 위해서, 그리고 우리가 살아갈 지구를 지키기 위해서 고기 소비를 줄여야만 하는 거야.

식단을 육류 중심에서 채식 중심으로 바꾸면, 환경 오염을 75%가량 줄일 수 있다는 연구 결과가 있어.

2023년, 영국 옥스퍼드 대학 연구진이 발표한 자료에 따르면, 채식 식단은 하루 100g 이상의 육류를 섭취하는 것보다 온실가스 배출량, 수질 오염, 토지 사용량을 75%나 줄이는 것으로 나타났어. 더불어 채식 식단은 야생 동물 파괴를 66%, 물 사용량을 54% 감소시키는 효과도 있다고 해.

세계화로 다른 나라의 식재료를 수입하거나, 먼 거리에서도 식품을 들여오는 것이 가능해졌지? 이러한 식품 운송은 탄소 발자국을 만들어 내는 원인이야.

탄소 발자국은 제품을 생산할 때 발생하는 이산화 탄소의 총량을 탄소 발자국으로 표시한 것인데, 탄소가 지구에 발자국을 남긴다는 의미에서 이런 이름으로 불려.

생산지에서 소비자까지 오는 데 오래 걸리는 먹거리를 먹으면, 이동이나 보관에 석유, 석탄, 천연가스 같은 화석 에너지 사용이 늘어날 수밖에 없어. 그 과정에서 탄소 발자국이 늘어나는 거지. 결국 기후 위기가 더 빨라지고, 자연 파괴도 심각해지는 거야.

우리가 동물을
먹지 않으면
지구는
살아남을 수 있다.

― 폴 매카트니

| 육식을 줄이고 환경을 살리는 대안 |

생명 공학을 활용하여 청정 고기를 만들자

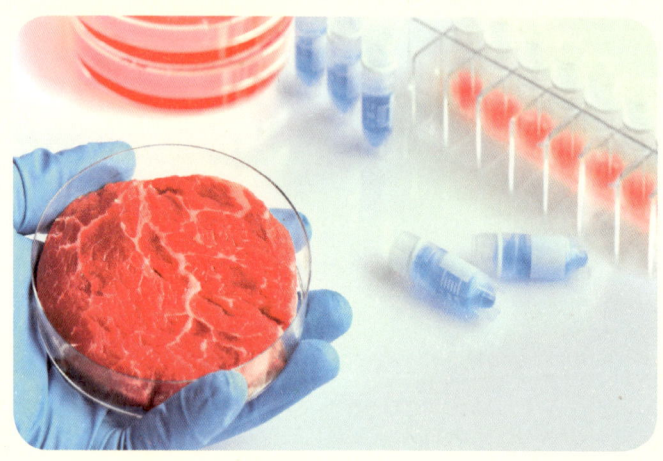

청정 고기는 동물의 골격근에서 채취한 줄기세포 하나가 수없이 세포 분열을 하여 만들어진 고기야. 생산 과정이 아주 깨끗하고, 대장균과 살모넬라균 같은 장내 병원성 미생물도 없어서 '청정 고기'라고 하지.

청정 고기를 먹으면, 동물을 죽이거나, 동물을 힘들게 키울 필요가 없어. 특히 동물들의 비참한 사육 환경인 공장식 축산은 지구상에서 사라질 거야. 구제역, 조류 독감 등 좁은 사육 환경 때문에 생기는 전염병 걱정도 함께 사라지지. 많은 동물을 키울 때 필요한 토지나 물도 아낄 수 있어. 지구가 큰 희생을 치르지 않고도 수많은 사람이 원하는 고기를 먹을 수 있는 거지.

청정 고기는 배양기에서 만들어지므로, 진행 과정이 모두 투명해. 술이나 간장을 만드는 양조장을 견학할 수 있는 것처럼, 청정 고기 만드는 곳을 구경할 수 있는 시대가 올 거야.

물론 청정 고기는 아직 맛이나 비용 문제를 해결해야 하는 문제가 남았어. 사람들의 인식도 바뀌어야 하고 말이야.

어때? 환경과 동물을 살릴 수 있다면, 청정 고기를 대안으로 생각해 볼 만하겠지?

3장
와르르 쾅쾅 파괴되는 자연

아마존 열대 우림이 불타면 어떻게 될까?

아마존 열대 우림이 좋은 이유

미리나는 열한 살의 키가 큰 소녀예요. 언제나 생글거리며 웃는 뺨에는 작은 보조개가 있어요. 또 피부는 햇볕에 그을린 구릿빛이고, 머리카락은 짙은 까만색이에요.

미리나는 나무가 빽빽하게 우거진 아마존 열대 우림에 살아요. 아마존 열대 우림은 열대 우림 가운데 가장 넓어요. 수많은 생명체들이 이 열대 우림 속에서 살아가지요.

미리나는 이 숲에 사는 것이 정말 행복해요. 왜냐하면 신기한 나무가 엄청 많거든요. 고무의 원료가 나오는 나무, 줄기를 자르면 물이 나오는 나무, 가늘게 잘라 불에 태우면 소금이 나오는 나무…. 매일

새로운 나무를 찾아다니는 재미가 있어요.

"미리나, 목 안 말라? 오늘은 어느 나무의 물을 마시러 갈까?"

반짝이는 눈동자의 조에가 목을 쓰다듬으며 말했어요. 눈썹이 가느다란 조에의 머리카락은 진한 갈색이에요. 미리나보다 키는 작지만, 둘은 열한 살 동갑내기 친구예요.

"오늘은 강 뒤쪽으로 가자."

미리나와 조에는 강 뒤쪽으로 향했어요.

깊이가 얕은 강은 미리나와 조에가 건너기에 어렵지 않았어요. 이곳 열대 우림의 강물은 전혀 차갑지 않아요. 덕분에 열한 살의 미리나와 조에도 충분히 헤엄쳐서 건널 수 있어요.

수영과 나무 타기는 정말 즐거운 놀이예요. 배가 고픈 것도 잊어버릴 정도로요.

"내가 먼저 도착했어!"

미리나가 나무 꼭대기에 도착해, 조에에게 소리쳤어요. 두 손과 두 발만으로 재빠르게 기어올랐거든요.

"내일은 꼭 내가 먼저 오를 거야."

나무 중간쯤 오르고 있던 조에가 소리쳤어요. 그리고 곧 미리나를 뒤따라 올라왔어요.

"목말라."

나무를 기어오르느라 목이 마른 조에가 물을 찾았어요.

미리나가 물이 있을 법한 나무줄기를 찾아내자, 조에가 손으로 나무줄기를 톡 부러뜨렸어요. 그러자 맑은 물이 보였어요. 미리나와 조에는 입을 대고 물을 마셨어요.

"와, 시원해!"

나무줄기 속의 물을 마신 미리나와 조에는 마주 보고 웃었어요. 그러고 나서 둘은 이 나무에서 저 나무로 옮겨 다니며 나무 타기를 즐겼어요. 그렇게 한참 신나게 놀다 보니, 슬슬 배가 고팠어요.

"이제 집에 가자. 오늘은 배부르게 먹고 싶어."

"나도 배고픈 건 정말 싫어. 우리도 배부르게 먹을 수 있으면 얼마나 좋을까?"

미리나와 조에는 앞서거니 뒤서거니 하며 집으로 향했어요.

저 멀리 마을 사람들이 모여 웅성거리는 모습이 보였어요. 미리나와 조에는 무슨 일인지 궁금해서 어른들 곁으로 다가갔어요.

"지금처럼 아이들을 굶주리게 놔둘 수는 없어요. 이대로 가다간 다 굶어 죽게 생겼다고요. 살 수 있는 방법을 찾아야만 해요."

미리나 엄마가 걱정했어요.

"누가 배고픈 걸 좋아하겠어요? 그런데 무슨 좋은 방법이라도 있어요?"

조에 엄마가 물었어요.

"소를 키우면 굶주림에서 벗어날 수 있을 거예요. 소를 키워서 팔면 돈을 벌 수도 있고, 소고기도 먹을 수 있고요."

미리나 아빠가 말했어요.

"그렇게만 된다면 우리도 굶지 않아도 되겠네요."

아마존 열대 우림에 사는 보라족 사람들은 배부르게 먹기 위해, 소를 키우기로 결정했어요.

한 마리, 두 마리… 키우는 소들의 수가 늘어났고, 소를 키우느라 보라족 사람들은 바빠졌어요. 소 키우는 일은 많은 시간과 노력이 필요하거든요.

이제 보라족 사람들은 아침에 눈을 뜨면 소 돌보는 일로 하루를 시작했어요. 먹이를 주고, 소똥을 치우느라 많은 일손이 필요했어요.

미리나와 조에도 소 돌보는 일을 했어요. 처음 소를 봤을 때는 정말 신기했어요. 덩치에 비해 온순하기만 한 소가 너무 귀여웠거든요.

소는 먹이를 먹으면 되새김질을 했는데, 미리나는 소가 먹는 모습을 자세히 보려고 가까이 다가갔어요. 그러다가 소 방귀 소리에 놀라 엉덩방아를 찧기도 했어요. 조에가 그 모습을 보고 크게 웃었어요.

소는 많이 먹고 똥도 많이 누었어요. 소똥 치우는 일은 내키지 않았지만, 숨을 참아 가며 억지로 해야만 했어요.

소 돌보느라 놀러 갈 시간이 줄어든 게 아쉬웠어요. 부모님 몰래 가기도 했지만, 한바탕 놀고 돌아와서는 엄마의 잔소리를 들어야만 했어요.

아마존 숲을 불태우면 안 돼

"콩과 옥수수가 많이 부족해요. 사람도 먹어야 하고, 소에게 줄 사료도 만들어야 하고."

조에 엄마가 한숨을 푹 쉬었어요.

"소가 점점 늘어나는 바람에 농사지을 땅이 부족해져서 그래요. 당연히 사람들 먹을 것도 풍족하지 않고요."

미리나 엄마가 울상을 지었어요.

"방법은 하나뿐이에요."

미리나 아빠가 큰 소리로 말했어요.

"좋은 방법이라도 있어요?"

보라족 사람들이 일제히 미리나 아빠를 쳐다봤어요.

"마을 뒤쪽 산에 불을 놓아서 숲을 태웁시다. 그러면 농사지을 땅을 만들 수 있어요."

미리나 아빠는 자신 있는 표정이었어요.

"그런 방법이 있군요. 좋습니다."

미리나 아빠의 말을 들은 마을 사람들이 하나둘씩 고개를 끄덕였어요. 미리나와 조에도 미리나 아빠의 생각이 옳은 것 같았어요. 특히 미리나는 아빠가 그런 생각을 해낸 것이 놀라웠어요.

"그건 안 될 말이야. 그래서는 절대 안 돼."

치코 할아버지가 단호한 표정으로 반대했어요. 보라족 사람들은 치코 할아버지를 쳐다봤어요. 미리나는 그런 치코 할아버지가 이해되지 않았어요. 마을 사람들이 먹을 식량과 소에게 먹일 사료를 확보하기 위해 숲을 태우는 건데, 왜 반대하는 걸까요?

보라족 사람들은 의논 끝에 숲을 불태우기로 결정했어요.

다음 날, 보라족 사람들이 불 지를 도구들을 들고 모였어요. 숲을 태워 농사지을 땅을 만들면, 앞으로 배고플 일은 없을 거예요. 더 이상 배고픈 건 싫었거든요.

그런데 이게 무슨 일일까요? 숲 한가운데 치코 할아버지가 버티고 서서 나오지 않았어요.

"어르신, 그곳에 계시면 위험해요. 얼른 나오세요."

보라족 사람들이 치코 할아버지를 향해 소리쳤어요. 그래도 치코 할아버지는 나오지 않았어요.

"우리 목소리가 안 들리시나?"

"그럴 수도 있겠다. 어떻게 하지? 해지기 전에 빨리 숲을 태워야 하는데."

보라족 사람들이 웅성거렸어요.

"북을 가져올게요. 북소리라면 치코 할아버지도 들으실 수 있을 거예요."

"좋은 생각이야. 너희가 좀 가져오겠니?"

미리나와 조에는 날쌘 걸음으로 마을로 가서 북을 가져왔어요.

미리나와 조에는 둥둥 북을 쳤어요. 북소리가 엄청 커서 저 멀리까지 충분히 들릴 것 같았어요. 그런데 치코 할아버지는 나오지 않았어요. 분명히 할아버지 귀에도 들렸을 텐데 말이에요.

"그런데 숲을 태우면 어디서 놀아?"

미리나는 갑자기 그런 생각이 들었어요. 뛰어놀아야 할 숲이 사라진다는 건 슬픈 일이에요.

"잘 먹고 잘살 수 있다면, 그 정도는 참을 수 있어. 괜찮아."

조에가 미리나를 쳐다보며 말했어요.

"이대로는 안 되겠어. 들어가서 모시고 나옵시다."

"그래요. 이러다 해 지겠어요."

어른들은 숲으로 들어가서 치코 할아버지를 강제로 데리고 나오려고 했어요. 그러자 치코 할아버지는 자신의 몸을 나무에 칭칭 묶고 나오지 않으려고 버텼어요. 치코 할아버지의 버티는 힘은 생각보다 강했어요.

"죽어도 못 나가. 숲을 태우려거든 나도 함께 태워."

치코 할아버지의 간절한 목소리가 들렸어요. 보라족 사람들은 도저히 치코 할아버지를 데리고 나올 수가 없었어요.

"치코 할아버지는 고집쟁이가 분명해."

미리나가 혼잣말을 했어요.

"빨리 숲을 불태워서 콩과 옥수수를 심어야만 우리도 잘살 수 있는데, 치코 할아버지는 왜 반대하시지?"

조에의 입이 툭 튀어나왔어요.

"벌써 어둑어둑해지네요. 오늘은 안 되겠어요."

그날은 치코 할아버지가 숲에서 나오지 않아, 결국 숲 태우기는 실패했어요. 보라족 사람들은 고개를 저었어요.

"내일은 더 일찍 옵시다."

"치코 할아버지가 오기 전에 불태우면 어쩌지 못할 거예요."

보라족 사람들은 불태울 도구들을 챙겨서 마을로 돌아갔어요.

다음 날에는 조금 더 일찍 모였어요. 먼저 도착한 사람들이 조금씩 불을 놓아, 숲 끝에서부터 불이 붙기 시작했어요.

시뻘건 불길이 날름거리는 모습은 조금 무서웠어요. 둔탁한 소리와 매캐한 냄새를 풍기면서 숲이 타고 있었어요.

"큰일 났어! 저기 봐요!"

"치코 할아버지가 숲 한가운데에 서 있어요!"

미리나와 조에가 소리쳤어요. 치코 할아버지가 다치시기라도 할까 봐 걱정되었어요.

"언제 오셨지? 빨리 불을 끕시다. 이러다 큰일 나겠어요."

보라족 사람들은 불을 끄느라 분주해졌어요.

다행히 불길이 잡히기 시작했어요.

치코 할아버지는 그을음이 잔뜩 묻은 채로 보라족 사람들에 의해 구출됐어요.

미리나와 조에는 마을 사람들 계획에 반대만 하는 치코 할아버지가 이해되지 않았어요.

"치코 할아버지, 위험할 뻔했어요. 왜 그러신 거예요?"

미리나와 조에가 울먹거리며 말했어요.

"숲을 태우면 결국 우리도 죽을 거야."

치코 할아버지가 연기 때문에 연신 기침을 해 대며, 간신히 입을 열었어요.

"그런 억지가 어디 있어요?"

"더 이상 배고프지 않으려고 숲을 태우려는 거잖아요!"
기침이 조금 진정된 치코 할아버지가 미리나와 조에를 쳐다봤어요.
"우리가 사는 아마존 숲은 지구의 허파야. 많은 양의 산소를 만들어 내는 곳이라고. 그 산소를 어떻게 만들겠어? 크고 작은 다양한 식물이 거대한 숲을 이루고 있기 때문에 가능한 거야. 그런데 이토록 소중한 숲을 태우면 어떻게 되겠어? 절대 안 되는 일이야."
치코 할아버지 말에 미리나와 조에는 고개를 끄덕였어요.

"그래도 어르신, 우리가 잘살려면 어쩔 수 없잖아요. 우리도 숲이 고마워요. 하지만 먹고살기 위해서 그러는 거예요."

보라족 사람들도 치코 할아버지의 진심을 모르는 건 아니었어요.

"그럼 우리가 이때까지 먹고산 건 누구 덕분이야? 모두 숲 덕분이잖아. 소를 기르기 위해 더 많은 작물을 재배해야 하고, 또 거기에 맞춰 더 많은 땅이 필요하다니! 우리가 언제부터 고기를 그렇게 많이 먹었어? 욕심은 화를 부르는 법이야. 그러다가 우리 모두 망할 거야. 난 그런 상황을 막으려는 거고."

치코 할아버지의 말이 옳다는 것을 마을 사람들도 알았어요. 그래서 한 번 더 생각해 보기로 했어요.

마을 사람들은 꼬박 하룻밤을 새워 가며 이야기를 나눴어요. 많은 의견들이 오간 끝에, 결국 보라족은 우리 모두를 위해 숲을 지키기로 했어요.

어느새 축복 같은 아마존 열대 우림에 아침이 밝아 오고 있어요. 미리나와 조에는 오늘도 나무를 타러 갔어요. 숲의 은혜와 사랑이 영원히 아마존 우림을 지켜 줄 거예요.

더 알고 싶어요

불태워져 사라지는 열대 우림

• 파괴되는 넓은 면적의 열대 우림

미국 농무부 경제 연구소 분석에 따르면 소고기 1㎏을 얻는데 콩, 옥수수 등의 곡물 16㎏이 필요하다고 해. 또 엄청난 양의 물도 필요하지. 세계 농업 기구(FAO)에서는 육식 1인분을 위해서 채식 22인분이 필요하다고 지적했어. 정말 엄청난 차이야.

우리가 고기를 먹기 위해 동물 사료가 이렇게나 많이 필요한지 몰랐지? 전 세계 곡물 생산량의 절반 정도가 사료를 만드는 데 사용되고 있어. 사료용 곡식이나 채소를 심기 위해선 그만큼 많은 땅이 필요하지.

소, 양, 돼지 등을 키우기 위한 땅과 콩, 옥수수 등 사료용 작물을 재배하기 위해, 매년 우리나라 넓이 정도의 열대 우림이 불태워지고 있어. 1960년대 이후 이미 지구상 열대 우림의 절반 이상이 사라졌어. 지구의 허파 역할을 하는 아마존 열대 우림의 70%가 목초지, 도살장, 사료 경작지 용도로 파괴됐어.

열대 우림이 조성되는 데 수천 년이 걸렸지만, 파괴되는 건 순식간이야. 고기를 얻기 위해 쓰이는 곡물과 채소를, 사료 만드는 데 사용하지 말고 사람들이 나눠 먹는다면 배고픈 사람들의 숫자는 훨씬 줄어들 거야.

우리가 지켜야 할 숲

• 푸른 맹그로브 숲

토지를 개발하기 위해 나무를 베어서 숲을 없애 버리면 어떻게 될까? 숲이 많은 스트레스를 받을 거야. 또 탄소 배출이 늘어나서 기후가 바뀌게 될 테고, 가뭄과 홍수, 한파 같은 자연재해도 심해질 거야.

다양한 생물이 사는 아마존 열대 우림은 세계에서 가장 넓어. 크기가 우리나라 넓이의 70배 정도래. 아마존 열대 우림은 지구에서 필요한 산소를 만들어 내는 중요한 일을 하고 있어. 그래서 지구의 허파라고 부르지.

산소가 사람에게 무척 중요한 거 알지? 그럼 어떻게 그렇게 많은 양의 산소를 만들어 낼 수 있을까? 그것은 바로 크고 작은 다양한 식물이 거대한 숲을 이루고 있어서 가능한 거야.

인도네시아 앞바다에서 무서운 지진이 발생했어. 주변 나라들은 엄청난 피해를 입을 수밖에 없었어. 그런데 지진의 피해가 상대적으로 적은 나라가 있었대. 어디인지 궁금하지?

그곳은 바로 몰디브였어. 이런 기적이 가능했던 이유는 바로 맹그로브 숲 덕분이었어. 정말 다행이지.

맹그로브 숲은 지진을 막아 줄 뿐만 아니라, 나무를 이용해 보트를 만들 수도 있어서 인간에게 많은 도움을 주고 있어.

그런데 이런 고마운 맹그로브 숲마저 빠르게 사라지고 있어. 왜냐하면 새우 양식 때문이야. 천연 영양분이 풍부한 맹그로브 숲은 새우 양식을 위한 최적의 장소야. 맹그로브 나무를 베어 낸 자리에 새우 양식장을 만들고 있는 거지.

새우 양식 때문에, 인간에게 이로운 맹그로브 숲들이 사라지고 있다니, 너무 비참한 현실이지?

지구는
하나뿐인 것.
우리는
지구 위에서
함께 살아야 한다.

- 달라이 라마

| 육식을 줄이고 환경을 살리는 대안 |

미래를 생각하는 재생 농업

재생 농업은 농사를 지을 때, 토양의 질과 생물 다양성 등 환경 자원을 보존하고 개선하는 방식으로 하는 농업을 말해.

오래전, 적당한 규모로 동물을 건강하게 기르던 농장에서는 동물 분뇨가 아주 소중했어. 흙과 섞인 분뇨는 토양을 건강하게 바꾸고, 생물이 잘 자랄 수 있도록 도와주거든. 게다가 땅이 수분과 탄소를 품을 수 있는 능력을 높여 주지.

재생 농업을 하는 곳에서는 잡식성 동물을 함께 기르는데, 돼지와 가금류는 매일 야외에서 먹이를 찾거나 풀을 뜯어. 생산하고 남은 작물과 사람이 남긴 음식을 먹기도 하지. 이렇게 하면 사료를 만드느라 생기는 여러 가지 문제를 해결할 수 있고, 불필요하게 항생제를 사용할 필요도 없어져서 동물들은 보다 행복하고 건강한 삶을 살 수 있어.

한편 소를 키울 때에도 사료 사용을 없앨 수 있어. 소는 자연에 있는 풀만 먹고도 살 수 있는데, 빨리 살찌우기 위해 콩이랑 옥수수 등이 섞인 곡물 사료를 주었던 거야. 그러니 유목민처럼 물과 풀을 찾아 옮겨 다니는 거지. 이렇게 하면 무분별한 벌목이나 온실가스 배출, 화학적 오염 같은 문제들을 해결할 수 있어.

토양을 보호하는 최고의 방법은 원래의 모습을 유지할 수 있도록 하는 것이야.

4장
토양 오염의 정체를 밝혀라

앗! 터져 버린 분뇨 폭탄

병원에 간 루나

"킁킁, 이게 무슨 냄새야?"

루나는 작은 정원에서 자신이 기른 방울토마토를 먹다가 고약한 냄새를 맡았어요.

"역겨운 냄새 때문에 도무지 못 먹겠어. 맛도 이상해."

입안에 넣은 방울토마토를 퉤하고 뱉었어요. 루나는 이 고약한 냄새의 원인을 찾아야겠다는 생각이 들었어요.

"도대체 어디서 이런 냄새가 나는 거야?"

루나는 얼굴을 잔뜩 찌푸린 채 주위를 둘러봤어요. 숨을 참는 루나의 얼굴이 붉어졌어요. 루나가 한 걸음 더 내디뎠을 때, 발밑에 물컹하게 밟히는 무언가가 있었어요. 생각지 못한 촉감에 소름이 돋았어요.

"으악, 이게 뭐야?"

루나는 발밑을 확인하고는 소리를 질렀어요. 방금 밟은 것은 꿉꿉한 분뇨가 틀림없었어요. 돼지 농장에서 흘러넘친 분뇨였어요.

분뇨는 아빠가 만든 큰 웅덩이를 가득 채우고는 급기야 넘쳐서 밖으로 콸콸 흘러나온 거예요. 분뇨 때문에 원래 땅의 모습이 보이지 않았어요. 누렇고 시꺼먼 분뇨가 주변의 모든 것을 삼켜 버릴 것처럼 뒤덮었어요.

분뇨의 넘치는 속도가 한층 더 빨라져서, 돼지 농장 앞에 있는 루나의 작은 정원까지 침범했어요. 더불어 역겨운 냄새가 숨을 턱턱 막히게 했어요.

"아빠! 여기 봐요. 큰일 났어요."

루나의 외치는 소리를 듣고, 아빠 로이가 허둥지둥 달려왔어요.

"이럴 수가!"

아빠의 입이 떡 벌어졌어요. 아빠가 보기에도 상태가 심각했어요.

"분뇨가 여기까지 넘쳤다고요. 어떡해요?"

루나는 입이 툭 튀어나와서 투덜거렸어요.

"엄청 깊고 크게 팠는데, 벌써 넘치다니!"

아빠는 삽을 들고 와서 흙으로 덮어 보려고 했지만, 분뇨는 계속 넘쳤어요. 분뇨가 묻어서 아빠의 옷과 장화가 금세 지저분해졌어요. 하지만 아빠는 개의치 않았어요. 오로지 분뇨가 더 이상 넘치지 않게 하겠다는 신념으로, 이리저리 뛰어다닐 뿐이었어요.

"아빠, 냄새가 너무 지독해서 눈이 따가워요."

얼굴을 잔뜩 찌푸린 루나가 손으로 두 눈을 비비며 말했어요.

"루나, 자꾸 비비면 안 돼. 눈이 더 충혈될 거야. 다른 곳으로 피해 있거라."

아빠가 루나에게 큰 소리로 말했어요.

"그래도 가려워요."

눈을 비비지 않으려 했지만 참기 어려웠어요. 아빠 말대로 다른 곳으로 자리를 옮겼지만 역한 냄새는 피할 수 없었어요.

아빠는 분뇨를 주변의 밭에 뿌렸어요.

그런데 심한 악취가 올라오고 이상한 일이 생겼어요. 생기 넘치던 주변 나무의 잎들이 시들시들해진 거예요.

"아빠, 배가 너무 아파요."

갑자기 루나가 데구루루 굴렀어요.

"루나, 무슨 일이야?"

아빠는 손에 쥐고 있던 삽을 내던지고 루나에게 달려갔어요. 아빠는 루나를 업고 병원으로 뛰어갔어요. 아빠의 이마에서 땀이 줄줄 흘렀어요.

"우리 아이 좀 봐 주세요. 많이

아파요."

아빠는 응급실로 달려갔어요. 응급실에는 위급한 환자들이 많이 있었어요.

루나는 배를 움켜쥐고 고통스러워했어요.

잠시 후 의사가 다가와 루나를 자세히 진찰했어요.

"오염된 지하수를 마시고 배탈이 난 것 같은데…."

의사가 청진기를 내려놓고 말했어요.

"오염된 지하수요?"

의사의 말을 들은 아빠는 어떻게 해야 할지 안절부절못했어요.

간호사가 루나에게 주사를 놓고는, 팔에 링거 줄을 대롱대롱 매달았어요. 링거를 맞고, 루나는 지쳐서 잠이 들었어요.

처음에는 자신의 잘못이 아니라고 생각했지만, 아빠는 루나가 이렇게 된 게 자신의 잘못 같다는 생각이 들었어요.

"내 욕심 때문에 루나를 아프게 만들었어."

아빠는 무척 속상했어요. 돈을 더 벌 생각으로, 기르던 돼지의 수를 무작정 늘린 게 문제였어요. 사람들이 고기를 많이 먹으니, 더 많은 돼지를 키워서 돈을 더 많이 벌고 싶었거든요.

"돈을 벌어서 루나에게 예쁜 옷도 사 주고, 루나의 작은 정원도 더 넓게 꾸며 주고 싶었는데…."

창백하게 누워 있는 루나를 본 아빠는 마음이 아팠어요.

"루나가 다시 건강해지길…."

아빠는 두 손을 맞잡고 고개를 푹 숙였어요.

아빠는 여러 가지 생각으로 무척 힘들었지만, 돼지를 많이 키우려는 욕심 때문에 소중한 루나가 아프다는 사실이 가장 속상했어요.

아빠는 뜬 눈으로 루나를 간호했어요. 얼굴을 찡그리고 자던 루나의 얼굴이 평온해졌어요.

"아빠, 이제 배 안 아파요."

루나가 활짝 웃으며 말했어요. 밤새 루나의 얼굴이 핼쑥해졌어요.

"이제 괜찮아?"

아빠가 루나의 뺨을 쓰다듬었어요.

"네, 이제 걱정하지 마세요."

루나는 아빠의 걱정을 덜어 주고 싶었어요.

루나와 아빠는 병원을 나와 집으로 향했어요. 집으로 가는 길에 보이는 돼지 농장은 어제의 참혹함을 고스란히 보여 주었어요.

아빠는 깊은 한숨을 쉬었어요.

"아빠, 이제 멀쩡하니까 혼자 집에 갈 수 있어요. 그러니까 아빠는 돼지 농장을 살펴보세요."

"그래도 될까?"

루나는 크게 고개를 끄덕였어요.

"그러면 아빠는 돼지 농장을 둘러볼 테니, 넌 집에 가서 쉬어."

아빠는 떨어지지 않는 발걸음을 돼지 농장으로 돌렸어요.

루나는 아빠에게 방긋 웃어 보이며 집으로 발걸음을 옮겼어요.

돼지 농장 근처를 지났을 뿐인데 고약한 냄새가 났어요. 루나는 코를 잡았어요. 머리가 약간 어지러웠어요.

냄새를 피해 걸음을 재촉하고 있는데, 집 근처에 친구들이 모여 있는 게 보였어요.

"애들아, 거기서 뭐 해?"

루나를 발견한 친구들이 달려왔어요.

"루나, 너 어디 아파? 얼굴이 안 좋네."

"어제 조금 아팠어. 이제는 괜찮아."

"아팠구나. 연락도 안 되길래 걱정돼서 집으로 와 봤어."

루나는 걱정하는 친구들에게 미안하기도 하고 고맙기도 했어요.

"그런데 요즘엔 왜 우리 농장에 놀러 안 왔어?"

예전에는 친구들이 돼지 농장에 자주 놀러 왔는데, 요즘에는 도통 놀러 오지 않아서 궁금했어요.

"요즘 똥 냄새가 너무 심해서…."

친구들의 말을 들은 루나는 서운했지만 사실이기 때문에 뭐라고 할 수도 없었어요.

"얘들아, 우리 공원에 놀러 가자."

"너, 아파 보이는데 괜찮아?"

"이제 멀쩡해. 집에 가면 심심하니까 같이 놀자."

"좋아, 가자!"

친구들은 흔쾌히 루나와 함께 공원으로 갔어요.

"이게 뭐야? 물에서 퀴퀴한 냄새가 나."

공원에 있는 호수 근처를 지나면서, 친구들은 일제히 코를 잡았어요. 그 호수는 루나와 친구들이 종종 수영을 하던 곳이었어요.

"저게 뭐지?"

확인하려고 가까이 다가갔다가, 모두들 깜짝 놀라고 말았어요. 악취를 풍기는 검은색 분뇨가 콸콸 쏟아져 나오고 있었어요.

낯선 사람의 등장

분뇨가 마을 전체로 퍼져 나갔고, 사람들의 불만도 커졌어요. 아빠 로이가 혼자 해결할 수 있는 문제가 아니었지요.

"이렇게 분뇨를 처리해서는 한계가 있어요."

어느 날, 낯선 남자가 루나네 농장에 찾아왔어요.

"누구신데 그런 말을 하는 거요?"

아빠는 불쾌했어요.

낯선 남자는 쓰고 있던 챙 모자를 살짝 올려 얼굴을 보여 주었어요.

"분뇨 해양 배출 업체에서 일한 경험이 있는, 존이라고 합니다."

"뭐라고요? 누가 항의서라도 보내서 온 건가요?"

아빠는 어깨에서 힘이 빠지는 것을 느꼈어요. 엄청난 벌금이 나올 것을 생각하니 머리가 지끈거렸어요.

"하하하, 그게 아니라 당신네 농장의 돼지 분뇨를 대신 처리해 주겠다는 겁니다. 어때요?"

"대신 처리해 준다고요? 이런 고마운 사람이 다 있다니! 아이고, 고맙습니다."

아빠는 허리를 푹 숙이며 인사했어요.

"그렇게 고마워할 일은 아닌데. 공짜로 해 주겠다는 게 아니라…."

존은 뒷머리를 긁적거렸어요. 아빠는 무슨 말인지 이해되지 않아서 눈을 끔뻑거리며 존을 쳐다봤어요.

"시세보다 싸게 처리해 주겠다는 거요."

다급해진 아빠가 그 자리에서 오케이를 외쳤어요.

"아빠, 저 아저씨 좀 수상해요. 하지 마세요."

루나가 존을 노려보며 말했어요.

"루나야, 어쩔 수 없어. 더 이상은 아빠가 감당할 수가 없구나."

아빠가 크게 한숨을 내쉬었어요.

다음 날, 존은 탱크로리(물, 가스, 기름 등을 대량으로 실어 나를 수 있는 탱크를 갖춘 화물 자동차)를 몰고 나타났어요.

"아빠, 밖에 큰 차가 왔어요. 저거 봐요."

루나가 아빠에게 소리쳤어요. 탱크로리에서 내리는 존이 보였어요.

존은 능숙하게 돼지 분뇨를 탱크로리로 옮겨 담았어요. 콸콸 소리를 내며 돼지 분뇨가 사라졌어요. 루나는 그 모습이 신기하기만 했어요. 머지않아 돼지 분뇨로 가득 찼던 웅덩이가 싹 비워졌어요.

존은 탱크로리를 몰고 그 자리를 떠났어요.

텅 빈 웅덩이를 보자, 루나와 아빠는 기분이 좋아졌어요.

아빠는 물을 뿌려 돼지 농장을 깨끗하게 청소했어요. 루나도 옆에서 아빠를 도왔어요.

"아빠, 돼지들도 기분 좋은가 봐요."

물청소를 열심히 하던 아빠가 싱긋 웃었어요. 물청소를 하느라 물을 많이 쓰기는 했지만, 그래도 기분이 좋아졌어요.

존은 탱크로리를 몰고 바다로 갔어요. 돼지 분뇨를 몰래 바다에 버리기 위해서였어요. 존은 탱크로리의 시동을 끄고 어두워지기를 기다렸어요. 날이 어두워지자 호스를 바다로 연결해, 돼지 분뇨를 흘려 보냈어요. 돼지 분뇨의 역한 냄새가 훅 풍겼어요.

존은 어두워져 가는 바다를 물끄러미 쳐다봤어요. 이런 일도 자주 하다 보니, 이제는 아무렇지도 않았어요. 낮에는 마을 사람들의 항의를 받으니까, 일부러 가장 어두운 시간을 택해 몰래 작업을 했어요.

"거의 다 됐겠지?"

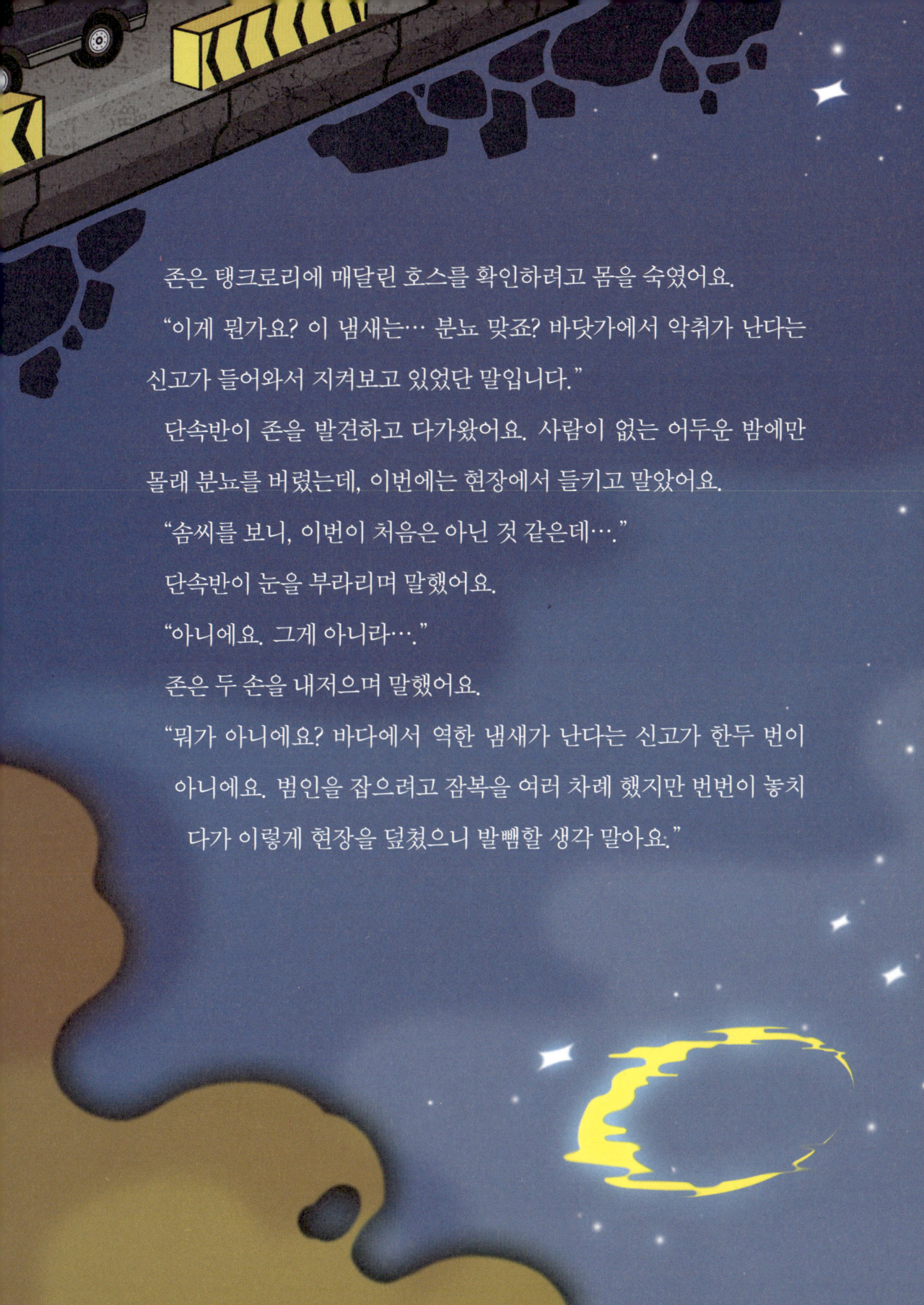

존은 탱크로리에 매달린 호스를 확인하려고 몸을 숙였어요.
"이게 뭔가요? 이 냄새는… 분뇨 맞죠? 바닷가에서 악취가 난다는 신고가 들어와서 지켜보고 있었단 말입니다."
단속반이 존을 발견하고 다가왔어요. 사람이 없는 어두운 밤에만 몰래 분뇨를 버렸는데, 이번에는 현장에서 들키고 말았어요.
"솜씨를 보니, 이번이 처음은 아닌 것 같은데…."
단속반이 눈을 부라리며 말했어요.
"아니에요. 그게 아니라…."
존은 두 손을 내저으며 말했어요.
"뭐가 아니에요? 바다에서 역한 냄새가 난다는 신고가 한두 번이 아니에요. 범인을 잡으려고 잠복을 여러 차례 했지만 번번이 놓치다가 이렇게 현장을 덮쳤으니 발뺌할 생각 말아요."

존은 발뺌해도 소용없다는 것을 알아차렸어요. 돼지 농장의 분뇨를 싸게 버려 주겠다고 하고, 지금까지 여러 차례 이런 식으로 바다에 몰래 버려 왔거든요. 존은 그 자리에서 분뇨 관리법 위반 혐의로 체포되고 말았어요.

다음 날, 루나의 돼지 농장에 단속반이 찾아왔어요.

"로이 쿠퍼 씨인가요? 저는 마크 로빈스입니다."

"무슨 일인가요?"

"존에게 돈을 주고 분뇨를 몰래 바다에 버린 사실을 인정합니까?"

단속반이 아빠를 쳐다보며 물었어요.

"네? 그게 무슨…, 저는 몰래 버리는 줄 몰랐어요. 싸게 버려 준다길래 그런 줄만 알았다고요."

아빠가 우물쭈물 말했어요.

"우리 아빠가 그런 거 아니에요. 왜 우리 아빠한테 이래요?"

루나가 단속반을 손으로 밀치자, 아빠가 루나를 끌어안았어요.

"이번에는 경고 정도로 넘어가겠지만, 앞으로 또 이런 일이 발생할 때는 그냥 넘어가지 않을 겁니다."

단속반의 말을 들은 아빠가 고개를 끄덕였어요.

"자체 정화 처리를 갖추거나, 아니면 자원화 설비가 되어 있는 업체에 의뢰해서 처리해야 합니다. 무면허 업체를 통해 처리하는 것도 불법이거든요."

단속반이 자세하게 설명을 시작했어요.

"꼭 정화 처리를 하도록 하세요. 그렇지 않으면 땅과 물이 오염돼, 우리 아이들이 살아갈 지구 환경을 망칠 수밖에 없어요. 지금 땀 흘리며 열심히 일하는 것도 따님을 위해서잖아요? 안 그래요?"

아빠는 고개를 푹 숙였어요.

"우리에게는 지구를 깨끗이 잘 사용하고, 아이들에게 깨끗한 상태로 물려주어야 할 책임이 있어요."

아빠가 루나를 바라봤어요. 부끄러운 생각에, 아빠는 눈을 감았어요. 루나가 아빠의 팔을 쓰다듬었어요.

"지금부터 실천하면 그렇게 늦지 않아요."

단속반 말을 들은 아빠는 루나를 끌어안은 두 팔에 힘을 주었어요.

"앞으로는 꼭 분뇨 정화 처리에 신경 쓸게요. 죄송합니다."

아빠가 고개를 푹 숙였어요.

"돌판에 돼지고기 구워 먹는 것을 좋아했는데… 앞으로는 줄여야겠어요. 고기를 많이 먹으면 안 될 것 같아요."

루나의 말을 들은 아빠와 단속반이 고개를 끄덕였어요. 루나네 돼지 농장에서 돼지들이 꿀꿀 소리를 냈어요.

더 알고 싶어요

| 분뇨 때문에 몸살을 앓는 지구

• 모든 생명의 순환이 시작되는 흙

분뇨 때문에 물과 땅이 심각하게 오염되고 있어. 왜 그럴까? 고기 소비량이 늘어나면서, 많은 동물을 키우다 보니 분뇨가 늘어날 수밖에 없지. 처음에는 분뇨로 퇴비를 만들어 사용했어. 하지만 퇴비로 쓰기에는 공장식 축산업에서 나오는 분뇨의 양이 너무 많았어. 게다가 분뇨로 만든 퇴비에는 화학 비료처럼 질산염이 많아서 강물로 흘러 들어가면 심각한 환경 문제를 일으키거든.

오염된 강물은 바다 생태계에 나쁜 영향을 줘. 녹조 현상으로 수많은 바다 생물이 죽고, 생명이 살 수 없는 곳이 점점 늘어날 수밖에 없어. 게다가 땅으로 흡수된 분뇨는 지하수도 오염시키지.

그럼 그 많은 분뇨는 어디로 갈까? 분뇨는 결국 가까운 땅에 버려져. 식물이 처리할 수 없는 양의 분뇨가 땅에 버려지면, 이 분뇨는 땅과 물을 오염시키게 되는 거야.

땅과 물과 사람은 서로 연결되어 있어. 이런 상황에서 사람은 과연 안전할 수 있을까? 게다가 공장식 축산을 하면 동물들이 화학 약품을 섭취할 수밖에 없고, 또 병에 걸린 동물들을 땅에 묻기 때문에 지역 전체가 오염되는 거야. 이런 일이 반복되면 전염병이 발생해 결국 사람의 생명까지 위협할 수 있어.

| 분뇨로 엉망이 된 제주도

제주도의 한 용암 동굴에서 심한 악취가 났어. 그 물질을 분석해 보니, 돼지털이 섞여 있었고 검사 결과 분뇨로 확인되었어.

동굴에서 30미터 정도 떨어진 돼지 농장에는 분뇨 저장고가 있었는데, 이상한 부분이 있었어. 돼지 농장은 10년 전부터 있었는데, 그동안 전문 업체에 맡긴 분뇨의 양은 터무니없이 부족했거든. 그러다 분뇨 저장고 쪽에 따로 배수관 하나가 나와 있는 것을 발견했어. 분뇨와 빗물이 함께 섞여 지하로 들어가게끔 만들어 놨던 거야. 그렇게 흘러간 분뇨가 30m 떨어진 용암 동굴에 고이게 된 거고.

배수로로 흘려 보내지 못해 저장고에 남아 있던 분뇨는 가까운 산에 내다 버렸다고 해. 문제는 가까이에 있는 산이 제주 생태계의 보고인 곶자왈이었어. 물이 귀한 제주의 지질 특성상, 곶자왈은 빗물이 지하로 스며드는 통로 역할을 해. 지하수가 분뇨에 오염되고 있었던 거야.

가축 분뇨는 전문 처리 업체에 맡기거나 자체 시설을 갖춰 처리해야만 해. 하지만 돈 때문에 분뇨를 함부로 버리는 사례가 끊이지 않아. 실형을 선고할 정도로 엄한 처벌을 하지만, 해결되지 않고 있어. 산과 바다에 함부로 분뇨를 버리는 바람에 아름다운 섬 제주도가 몸살을 앓고 있는 거지.

| 왜 물 부족 문제가 생길까?

동물을 키울 때에는 마시는 물 외에도, 동물 우리를 청소할 때도 물이 필요해. 지구에서 사용하는 물의 20%는 동물을 키우는 데 사용되고 있어. 사람들이 10년 동안 마실 물을 소는 1년에 다 마셔 버릴 정도야. 실제로 미국에서는, 고기 생산에 사용되는 물이, 과일과 채소를 키우는 데 사용되는 물보다 많아. 이러니 지구에 물이 부족할 수밖에 없겠지?

사료용 곡물을 키우는 데도 지하수나 강물 같은 막대한 양의 물이 필요해. 자연에서 자라는 곡식과 풀로는 현재의 축산업에서 요구하는 사료 양을 도저히 감당할 수 없거든. 미국

• 사람보다 훨씬 많은 물을 마시는 소

의 경우, 사람이 먹는 곡식보다 동물 사료용 곡식을 더 많이 재배한다고 하니 놀라울 뿐이야.

많은 양의 사료를 만들기 위해 단일 작물을 엄청나게 재배하고, 그 과정에서 화학 비료와 제초제, 살충제 등을 사용하는 바람에 땅은 물론 지하수까지 오염되고 있어.

고기 소비가 환경 파괴로 이어지는 모습이 안타까워.

우리는
지구상의
모든
생명체들과
연결되어 있다.

- 윈스턴 처칠

| 육식을 줄이고 환경을 살리는 대안 |

올바른 분뇨 시설을 설치하자

돼지고기 소비가 늘어나면서 돼지 농장 관련 분쟁도 많아지고 있어. 농림 축산 식품부 통계를 보면, 1980년 6.3kg에 불과했던 국민 1인당 연간 돼지고기 소비량은 2022년 30.1kg으로 5배 정도 늘었어. 돼지 사육 두수는 1983년 257만 556마리에서, 2020년 1,120만 8,400마리로 늘어났어.

돼지 사육 두수가 늘어난 만큼 악취 민원도 증가하고 있어. 환경부가 집계한 축산 악취 민원은, 2014년 2,838건에서 2018년 6,718건으로 2배 이상 늘었어. 주민들은 악취로 인한 고통을 호소하며 돼지 농장을 없애 달라는 민원을 제기하는 거지.

분뇨 문제를 줄이기 위해서는 어떻게 해야 할까? 우선 악취 문제를 해결해야 해.

전라남도는 가축 분뇨 처리와 악취 해결을 위해 많은 노력을 하고 있어. 전남 장성군에서는 돼지에게 소화를 돕는 미생물이 섞인 사료를 먹여, 분뇨 악취를 50%나 줄였어.

덴마크의 경우, 모든 농가는 자신들의 축사에서 나오는 분뇨를 거름이나 물거름으로 만들어 땅에 뿌려야 하는데, 그러려면 그만 한 크기의 땅을 가지고 있어야 해. 땅이 부족할 때는 분뇨 처리 업체에 맡기는 계약을 맺어야만 하지.

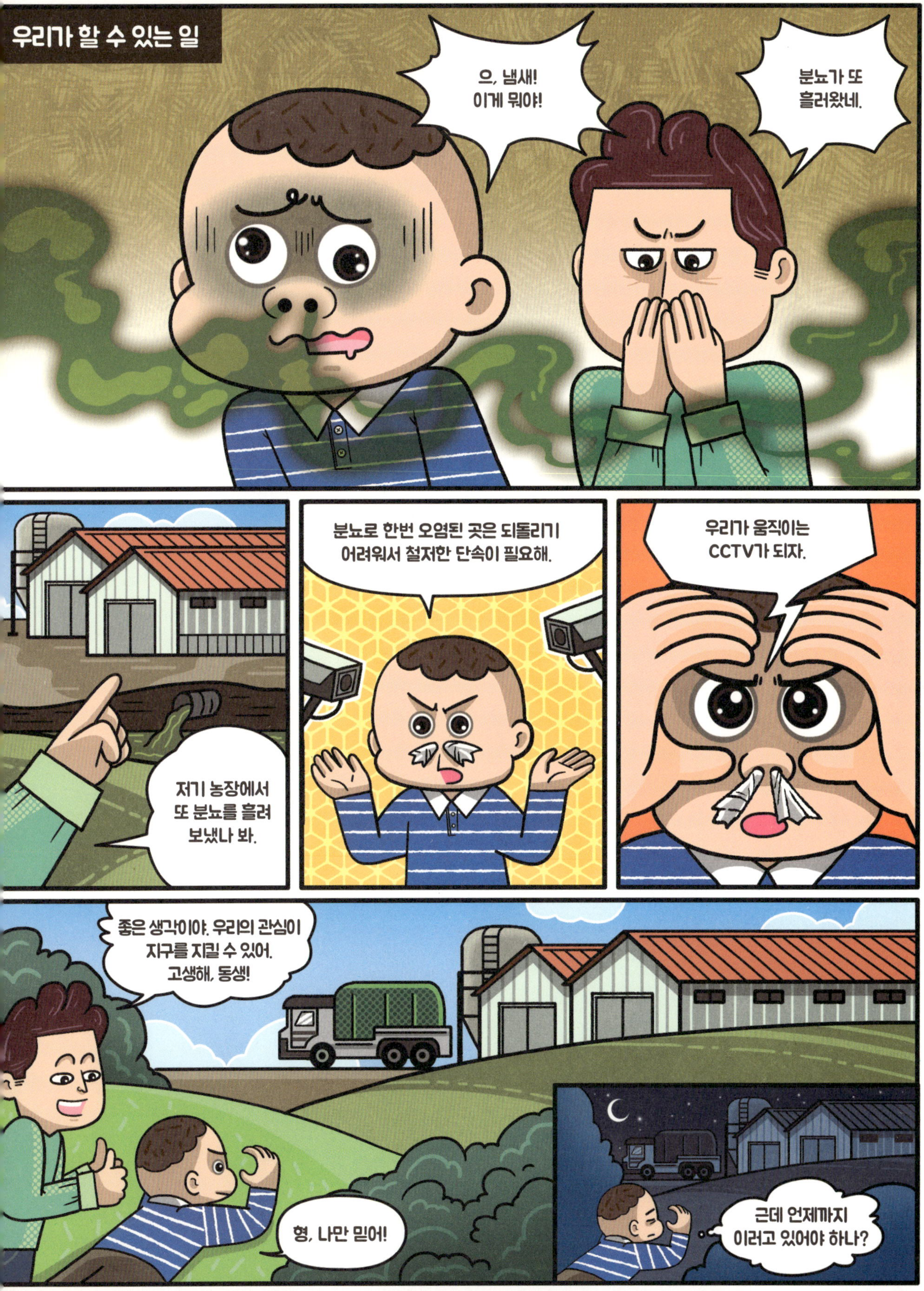

우리가 할 수 있는 일

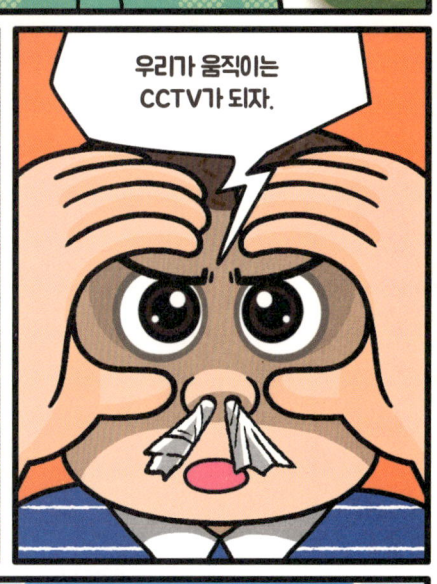

5장

비만과 질병이 무슨 상관이야?

칙칙폭폭 기름 덩어리의
종착역 피지

정육점 가는 길

피지는 남태평양에 있는 작은 섬나라예요. 왼쪽 먼 곳에 호주가 있고 아래로 가면 뉴질랜드가 있어요. 크기는 작지만 정말 아름다운 나라예요.

아테라는 피지의 수도인 수바에 살고 있어요. 아테라는 볼이 통통하고 눈이 작은 열두 살 어린이예요.

아테라는 오늘 아빠와 함께 정육점에 가기로 했어요. 아빠를 따라 정육점에 가다 보면 맛있는 코코넛 아이스크림을 파는 아저씨를 만날 수 있거든요. 아테라는 아이스크림 생각에 싱글벙글 웃으면서 아빠를 따라갔지요.

아테라와 아빠는 나란히 걷다가 마을 입구에 서 있는 장승을 봤어요. 우두커니 서서 제자리를 지키고 있는 장승의 눈, 코, 입이 너무 커서 언뜻 보면 이상했어요.

아빠는 잠시 걸음을 멈추고 장승에게 소원을 빌었어요.

"오늘도 우리 가족들이 무사하도록 지켜 주세요."

"무사하도록 돌봐 주세요."

아빠 옆에서 아테라도 소리 내어 빌었어요.

장승의 눈이 부리부리하고 커서 쳐다보기가 살짝 무서웠지만, 장승은 우리가 원하는 것을 모두 들어줄 것만 같았어요. 마음속까지 꿰뚫어 보는 듯한 모습으로 우리 마을을 지켜 주는 장승이 있어서 한편으로는 믿음직스러웠어요.

아테라와 아빠는 바닷가를 지나게 되었어요. 바닷가에서 노는 친구들이 여럿 보였는데, 옹기종기 모여 모래성을 쌓고 있었어요.

"아테라, 어디 가?"

친구들이 아테라를 불렀어요.

"아빠랑 정육점에!"

아테라는 친구들을 보고 손을 흔들었어요. 그런데 친구들 중 람부카와 눈이 마주친 순간 긴장이 되었어요.

"아테라, 빨리 오렴."

아빠가 뒤돌아서서 아테라를 불렀어요.

"얘들아, 다음에 봐."

"응, 다음에 놀자."

아테라는 주춤거리며 걸어갔어요. 친구들이 즐겁게 웃으면서 노는 소리가 등 뒤에서 들려왔어요.

불현듯 며칠 전의 일이 떠올랐어요.

아테라는 람부카를 많이 좋아했어요. 좋아한다고 고백해야겠다는 생각을 하고는, 많이 떨렸지만 람부카에게 다가갔어요.

"람부카, 널 좋아해. 우리 더 친하게 지내자."

아테라는 집에서 준비해 간 피지 전통 음료 양고나를 내밀었어요. 그런데 람부카는 난처한 표정으로 아테라를 쳐다보기만 할 뿐, 양고나를 받지 않았어요.

"람부카, 너 주려고 가져왔어. 받아 줘."

람부카는 아테라의 배를 쓱 쳐다봤어요. 순간 아테라의 두 볼이 붉어졌어요.

"아테라, 난 뚱뚱한 여자 친구는 싫어. 건강을 위해서 살을 좀 빼는 게 어때?"

람부카의 말은 얼음보다 차가웠어요.

아테라는 처음으로 자신의 통통한 배가 부끄러웠어요. 당황해서 양고나를 땅바닥에 떨어뜨린 아테라는 부리나케 그 자리에서 도망쳤어요.

아테라는 며칠 전의 람부카 모습을 머릿속에서 털어 버리기라도 하듯 고개를 마구 저었어요. 너무 부끄러운 기억이라 떠올리고 싶지도 않았어요.

"조금만 더 가면 정육점이야."

아빠가 씩 웃었어요. 아테라는 고개를 끄덕였어요.

아빠와 함께 정육점에 도착한 아테라는 수북이 쌓인 양고기 뱃살을 보고 눈이 휘둥그레졌어요. 양고기 뱃살은 특이한 냄새를 풍겼는데, 아테라는 자신도 모르게 손으로 코를 잡았어요. 허연 기름 덩어리가 언뜻 보면 버터 덩어리 같았어요.

"어서 오세요. 오늘도 양고기 뱃살로 드릴까요?"

정육점 주인아저씨가 물었어요.

"물론이죠. 넉넉하게 담아 주세요."

아빠가 돈을 꺼내 건네자, 주인아저씨가 양고기 뱃살을 가득 담아 주었어요.

아빠는 두 손 가득 양고기를 들고 집으로 향했어요. 아테라는 아빠한테서 한 걸음 떨어져 걸었어요. 양고기에서 나는 고약한 냄새가 괴로웠거든요.

"아테라, 왜 그렇게 뒤처져 있어? 그러다 늦겠다. 얼른 집에 가자. 할아버지 할머니 오시기 전에 서둘러야 해."

아테라는 아빠의 말을 듣고 어쩔 수 없이 나란히 걸었어요.

"양고기는 왜 그렇게 냄새가 고약해요?"

아테라가 손으로 코를 잡고 물었어요.

아테라의 말을 들은 아빠가 너털웃음을 터트렸어요.

"냄새가 좀 그렇지? 그건 머튼이라서 그렇단다."

"머튼요?"

아테라는 눈을 동그랗게 뜨고 아빠를 쳐다봤어요.

아빠는 아테라와 눈을 맞추며 천천히 말을 이어 갔어요.

뉴질랜드에서는 많은 양을 키우고 있대요. 식용으로 키우는 양은 램이라고 하는데 보통 1년 이내에 잡아먹지만, 털을 생산하기 위해 기르는 머튼은 달라요. 털을 깎고 다시 기르고 또 깎는 일을 반복하다가 쓸모가 없어지면 식용으로 잡아먹는 거예요. 그런데 머튼은 냄새가 나고 지방층이 두꺼워서 뉴질랜드에서는 고기 일부를 제외하고는 폐기한대요. 버리려던 고기 중에 기름기 가득한 뱃살 부위를 우리가 헐값으로 사서 먹는 거고요.

"감사한 일이지. 안 그래? 양고기 뱃살을 싸게 먹을 수 있잖아."

아빠가 침을 꿀꺽 삼키며 말했어요.

아테라는 아빠의 말이 도통 이해가 되지 않았어요.

'뉴질랜드에서는 안 먹고 버리는 양고기 뱃살을 왜 우리가 먹어야 하는지 모르겠어.'

아테라는 마음속으로 생각했어요.

아테라와 아빠가 바닷가를 막 지나고 있을 때였어요.

"메레, 또 양고기 뱃살 먹으려고?"

아테라는 뒤를 돌아봤어요. 아빠 친구인 세모니 아저씨였어요. 날씬한 세모니 아저씨는 아빠의 모습과 많이 달랐어요.

"이렇게 싼데 안 먹을 이유가 뭐야? 자네는 고기를 안 먹어서 그런지 너무 말라 보여. 나 정도는 되어야 멋지지. 안 그래?"

아빠가 자신의 볼록 나온 배를 쓰다듬으며 말했어요.

"살찐 게 멋지다고? 자네 그러다 건강 해쳐. 나라에서 양고기 뱃살을 수입 금지한 것도 몰라?"

세모니 아저씨가 얼굴을 찡그리자, 이마에 주름이 졌어요.

"다시 수입하기로 했다던데? 맛있어서 먹겠다는데 뭐 어때?"

아빠는 세모니 아저씨와 한참 티격태격하더니 몸을 휙 돌려 걷기 시작했어요.

세모니 아저씨가 입을 삐쭉 내밀며 양 손바닥을 위로 올렸어요. 아테라는 세모니 아저씨에게 꾸벅 인사하고 아빠를 따라갔어요.

아빠가 아픈 이유

아테라가 사는 부레가 보였어요. 부레는 나무로 기둥을 세우고 짚으로 지붕을 높게 올린 피지의 집을 말해요. 천장이 높고 내부가 넓어서 무척 시원해요.

우리를 발견한 아트루이가 손을 흔들며 반겼어요.

"누나, 빨리 와. 할아버지 할머니, 벌써 오셨어."

아트루이가 누런 이를 보이며 활짝 웃었어요.

아트루이는 아빠가 들고 온 양고기 뱃살을 보려고 까치발을 했어요. 아트루이 코가 벌름거렸어요. 아빠는 그런 아트루이의 머리를 쓰다듬었어요.

양고기 뱃살을 내려놓은 아빠는 부레 밖에 있는 부엌에서 불을 지폈어요.

"오셨어요?"

아빠는 할아버지와 할머니에게 인사했어요.

할아버지는 오늘도 피지 전통 의상인 술루를 멋지게 차려입었어요. 아빠는 할아버지와 얼굴이 많이 닮았어요. 할아버지 얼굴에서 주름살을 없애면 바로 아빠의 얼굴이었어요. 그렇다면 먼 훗날 아트루이도 그렇게 될 것만 같아 아테라는 웃음이 피식 나왔어요.

아빠가 불을 피우고 양고기 뱃살을 푹 삶았어요. 익히니까 특이한 냄새가 덜 나는 것 같았어요. 아빠는 약간의 향신료를 뿌려서 우리에게 나눠 주었어요. 향신료의 향이 강해서인지, 더 이상 냄새가 느껴지지 않았어요.

아테라는 맛있게 양고기 뱃살을 먹다가, 갑자기 람부카가 했던 말이 떠올랐어요. 그러자 양고기 뱃살을 더 이상 먹고 싶지 않았어요.

양고기 뱃살의 물컹한 식감도 별로였어요. 아테라는 물컹거리는 느낌이 싫어서 양고기 뱃살을 꿀꺽 삼켰어요. 물컹한 고깃덩어리가 목을 넘어가는 것이 느껴졌어요.

"나는 말이야, 양고기 뱃살이 마음에 들지 않아. 먹고 나면 속도 더부룩하고 싫어."

할머니는 양고기 뱃살보다는 채소를 아삭아삭 씹어서 드셨어요.

아테라도 할머니를 따라 채소를 먹어 보았어요. 채소는 먹으면 속이 편안해지는 것 같았어요.

"양고기 뱃살만 먹지 말고 카사바(고구마처럼 쪄 먹는 작물)도 같이 먹어 봐."

할머니가 아빠에게 카사바를 건네주었어요.

"저는 카사바보다 양고기 뱃살이 훨씬 맛있어요."

아빠는 카사바를 쳐다보지도 않고 양고기 뱃살만 계속 먹었어요.

"양고기 뱃살이 뭘 잘못했다고 그래. 저렴한 가격 덕에 이렇게 고기를 실컷 먹을 수 있는 걸 고맙게 생각하라고."

할아버지가 양고기 뱃살을 양손에 들고 우걱우걱 드시면서 말씀하셨어요.

할아버지와 아빠는 내기라도 하듯 양고기 뱃살을 해치우고 있었어요. 수북하던 그릇이 조금씩 비어 갔어요. 할아버지의 턱은 축 처져서 접혀 있었고, 아빠의 배는 불룩했어요.

아테라는 자신이 먹다 남긴 양고기 뱃살을 아빠 앞으로 밀었어요. 아빠는 아테라를 한번 쳐다보더니 다시 먹기 시작했어요.

그때였어요. 아빠가 뒷목을 잡더니 갑자기 푹 쓰러졌어요. 순식간에 일어난 일이라, 가족들은 안절부절못했어요.

"빨리 병원으로 가요!"

아테라가 큰 소리로 말했어요.

할아버지는 아빠를 부축해 보려고 했지만, 몸집이 커다란 아빠를 할아버지 혼자 부축하는 건 너무나 힘든 일이었어요.

"혼자선 안 되겠어. 다들 나를 도와줘."

할아버지 외침에 할머니와 아테라, 그리고 아트루이까지 아빠를 함께 부축해 병원으로 달렸어요.

우뚝 서 있는 병원이 보였어요. 거리가 멀지 않아 그나마 다행이었어요. 아테라 가족은 병원으로 급하게 뛰어들어 갔어요.

"밥 먹다 갑자기 뒷목을 잡고 쓰러지지 뭐요. 왜 그런지 모르겠소."

할아버지는 떨리는 목소리로 의사 선생님에게 아빠의 상태를 설명했어요.

의사 선생님이 눈꺼풀을 젖혀 아빠의 두 눈을 살피기도 하고, 입안을 들여다보기도 했어요. 아빠의 얼굴은 창백했어요. 입술도 바짝 말라 있었어요. 아테라는 아빠가 많이 걱정되었어요.

병원은 환자들의 신음 소리로 소란스러웠어요. 주위를 둘러보니,

수많은 환자들이 보였어요. 아픈 환자들이 많아서인지 병원 안의 풍경은 우울하기만 했어요. 살이 너무 쪄서 걸을 수도 없게 된 사람들은 휠체어에 앉아 있었어요.

"왜 그런 거요?"

할아버지가 의사 선생님에게 아빠의 상태를 물었어요. 여러 가지 검사를 끝낸 의사 선생님이 우리를 쳐다보며 말했어요.

"심혈관계 질환으로 보입니다. 요즘 우리 피지의 가장 큰 문제이지요. 기름기 철철 넘치는 고기를 끊지 못해 생기는 질환인데, 앞으로는 반드시 식습관 조절을 하셔야 합니다."

아테라 가족은 놀라서 입을 다물지 못했어요.

"채소도 같이 먹으라고 그렇게 말해도 귓등으로도 안 듣더니…."

할머니가 혼잣말을 했어요.

아테라는 아빠가 빨리 건강해지기를 마음속으로 간절하게 빌었어요. 그리고 고기를 덜 먹어야겠다고 생각했어요.

더 알고 싶어요

소아 비만은 무엇일까?

● 어린이의 성장을 방해하는 소아 비만

체중이 적정 체중보다 많이 나가는 비만이 되면, 몸에 필요한 영양소가 부족해지고, 그 자리를 지방으로 채우게 돼. 지방 세포 크기가 커지는 것이 아니라 지방 세포의 숫자가 늘어나는데, 이미 생겨난 지방 세포 개수는 줄어들지 않아 어른이 되어도 비만이 될 확률이 높아지는 거지.

소아 비만은 어린이의 건강한 두뇌 성장도 방해해. 영양분의 원활한 흐름을 막아, 뇌의 정상적인 성장을 어렵게 하거든. 실제로 소아 비만 어린이는 본래 자신이 가진 학습 능력의 70%도 발휘하지 못한다는 연구 결과도 있어.

그리고 몸의 면역 시스템을 무너뜨리기 때문에 감기나 각종 피부 질환에 잘 걸려. 또 신체 에너지가 급격히 떨어지면서, 쉽게 지치고 피곤해져. 체력과 면역력이 떨어지다 보니, 집중력과 참을성도 줄어들 수밖에 없어.

소아 비만 어린이들은 비타민 D와 세로토닌이 부족해.

비타민 D가 부족하면 뼈가 약해지고 성장에 지장을 초래해. 또 세로토닌이 부족하면 우울증이 심해지고 학습 능력이 떨어져. 자존감이 떨어지고, 우울해져서 감정 조절이 어렵게 되는 거지.

이런 악순환이 반복되다 보면, 외모 지상주의 때문에 따돌림이나 놀림의 대상이 되어 마음의 상처를 받을 수 있어.

성장에도 치명적이야. 열 살 전까지는 정상적인 어린이들보다 키가 클 수 있지만, 그 후에는 성조숙증으로 성장이 일찍 멈춰. 뼈나이가 높아지고 성장판이 일찍 닫히면서 성장이 멈추는 바람에, 소아 비만 어린이의 키는 또래보다 많이 작아.

더욱 위험한 것은 소아 비만 대부분이 소아 성인병으로 이어진다는 거야. 고지혈증, 고혈압, 소아 당뇨 등의 소아 성인병을 앓는다면 치명적인 건강 문제가 발생할 수 있어.

소아 비만의 원인은?

식습관의 변화가 가장 큰 원인이야. 고기를 지나치게 많이 먹으면서 소아 비만이 늘어났어. 고기가 성장을 돕기도 하지만, 성장을 방해하기도 하거든.

고기를 많이 먹으면 세로토닌의 원료 물질인 트립토판의 양이 많아진대. 그런데 트립토판이 뇌로 흡수되는 것을 방해하는 다른 아미노산의 양도 함께 늘어나기 때문에, 결국 세로토닌 생성은 더욱 어려워져.

따라서 세로토닌 분비가 잘 되게 하려면, 고기를 먹을 것이 아니라 견과류, 생선, 콩과 같은 양질의 단백질을 적당량 먹는 게 좋아.

채식 위주의 식사도 중요해. 동물성 단백질을 먹는 것은 주당 2~3회 정도가 적당해. 부족한 단백질은 식물성 단백질인 콩이나 두부, 현미를 통해 충분히 얻을 수 있어.

성조숙증은 무엇일까?

사춘기 시작을 알리는 2차 성징이 여자아이의 경우 8세, 남자아이의 경우 9세 이전에 나타나면 성조숙증이라고 해. 성호르몬이 또래보다 이른 시기에 분비되어 신체에 변화가 생기는 거야. 키 크는 속도도 빨라지는데, 시간이 조금 지나면 성장판이 금방 닫혀 버려, 키 크는 게 또래보다 빨리 멈추게 돼.

사춘기 현상이 일찍 찾아와 몸은 어른이 될 준비를 하고 있지만, 정신 발달은 진행 중인 상

• 건강하게 자라기 위해 꼭 필요한 건강한 식습관

태야. 아직 어린 친구들은, 다른 친구들과 다른 신체적 변화를 받아들이지 못하는 경우도 있어. 나만 남들과 다르다는 불안감과 소외감으로 인해, 정체성의 혼란과 심한 스트레스를 느끼면서 자신감을 잃게 되는 거지.

성조숙증의 원인은 다양하지만, 그중 빼놓을 수 없는 게 비만이야. 비만을 예방할 수 있도록 건강한 식습관을 가져 보는 건 어떨까?

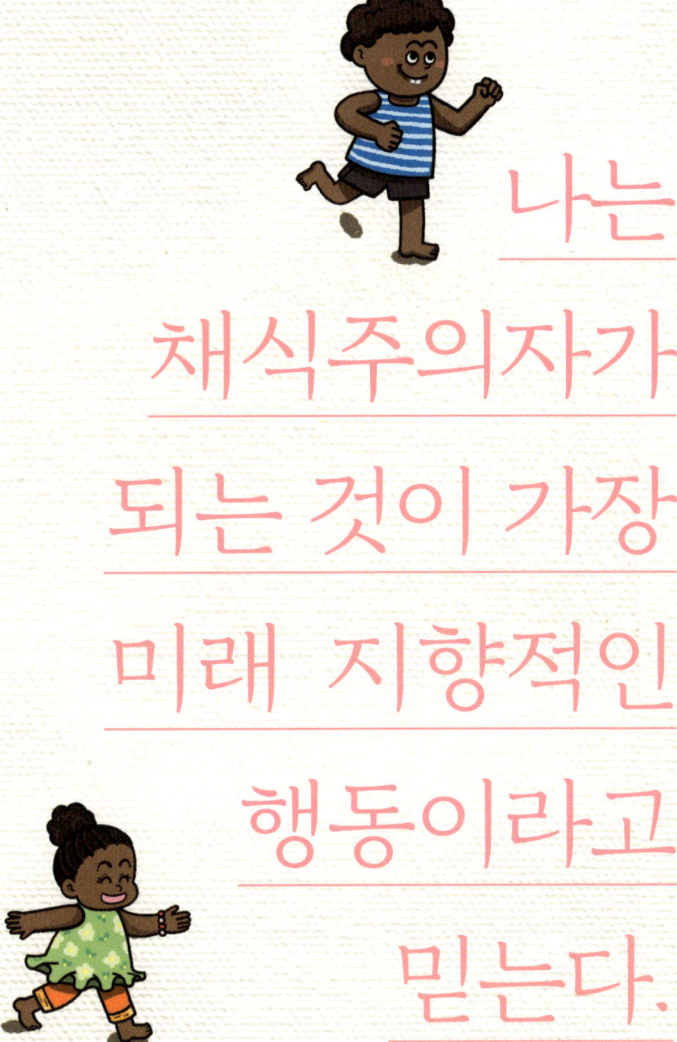

나는
채식주의자가
되는 것이 가장
미래 지향적인
행동이라고
믿는다.

- 알버트 아인슈타인

| 육식을 줄이고 환경을 살리는 대안 |
식물성 단백질을 먹는 식습관을 갖자

전 세계에서 생산하는 곡식이나 채소의 상당수가 공장식 축산업에 쓰이고 있어. 물과 식량이 부족한 상황에서도, 사람들은 고기를 먹기 위해 그 많은 자원을 낭비하는 거야.

고기를 먹지 않거나, 고기를 덜 먹으면 우선 축산업으로 희생되는 동물을 구할 수 있어. 더불어 사람의 식량 문제도 상당 부분 해결할 수 있고 말이야. 고기 대신 곡식이나 채소를 먹으면 훨씬 많은 사람들이 굶주림에서 벗어날 수 있는 거지.

동물성 지방에는 상온에서 하얗게 굳는 포화 지방이 많아. 식물성 지방은 동물성 지방처럼 우리 몸에 쌓이지 않기 때문에 건강에도 유리해.

또한 동물들의 사료를 만들기 위해 아마존 열대 우림 같은 산림 자원을 파괴하지 않아도 되니, 숲을 지키는 데도 유리해. 그러면 지구도 건강해져서 결국 우리도 안전해질 거야. 채식은 동물과 지구를 살릴 수 있는 길이야.

식물성 단백질 분야는 지속적으로 성장하고 있어. 이미 많은 식품 기업에서 비건 관련 식품을 생산하고 있지. 콩으로 만든 햄이나, 버섯을 주재료로 만든 대체육 등 종류도 다양해. 식물성 재료로만 만든 마카롱 같은 달콤한 디저트도 있어. 고기보다 맛있는 채식 위주의 식품들이 다양하게 있으니, 한번 찾아보면 어떨까?

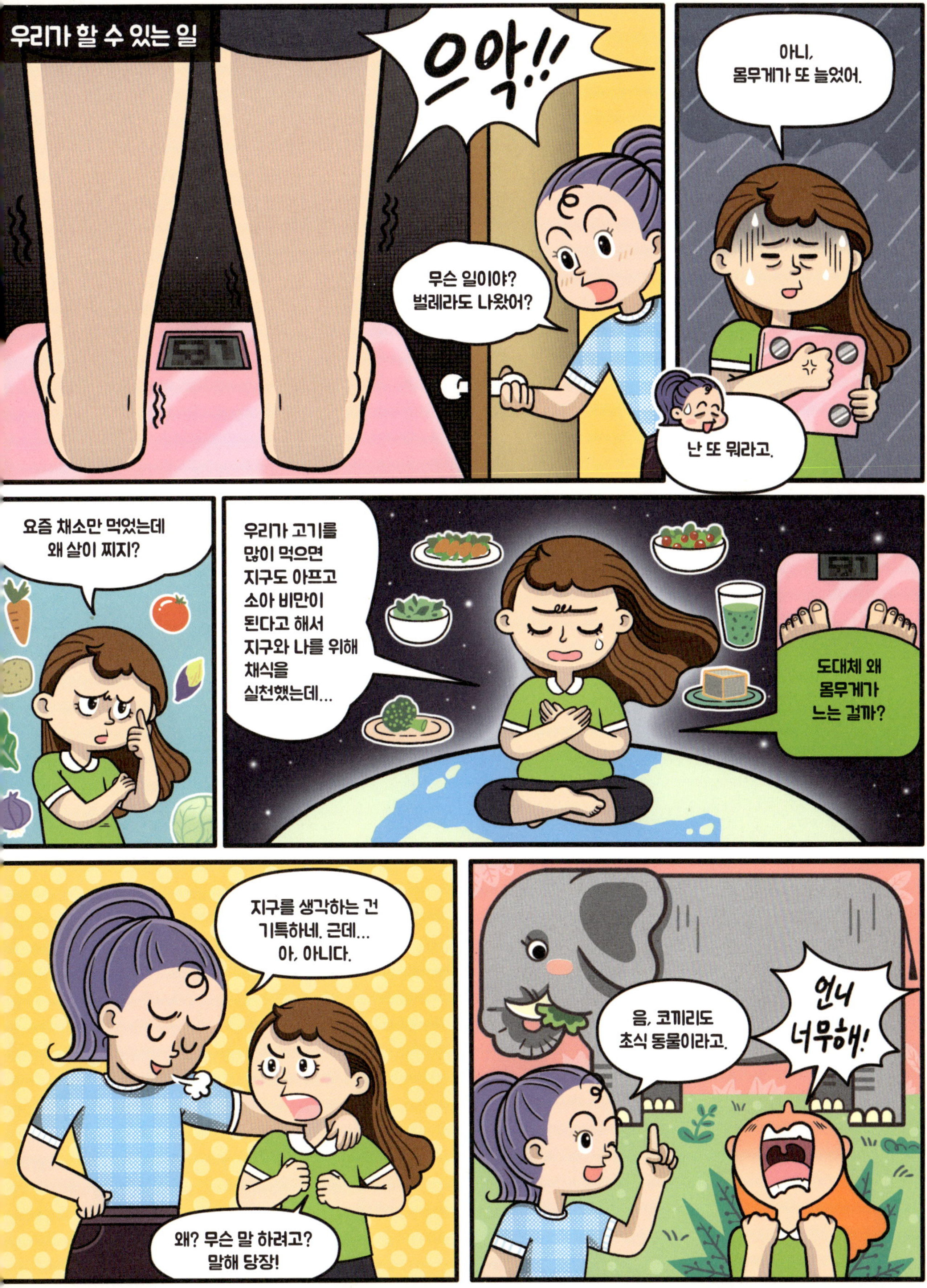

고기를 먹으면
왜 지구가 아플까?

1판 1쇄 인쇄 2024년 5월 20일
1판 1쇄 발행 2024년 6월 5일

글 최현진
그림 달상
발행인 손기주

편집팀장 권유선
편집 보리쌀
디자인 썬더키즈 디자인팀
인쇄 길훈 씨앤피 **세무** 세무법인 세강

펴낸곳 썬더버드
등록 2014년 9월 26일 제 2014-000010호
주소 경기도 의왕시 정우길47. 2층
전화 02 6368 2807 **팩스** 02 6442 2807

ISBN 979-11-93947-08-1 (73520)

값은 뒤표지에 있습니다. 잘못된 책은 구입하신 곳에서 바꾸어 드립니다.
썬더키즈는 썬더버드의 아동서 출판브랜드입니다.

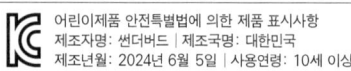